U0047063

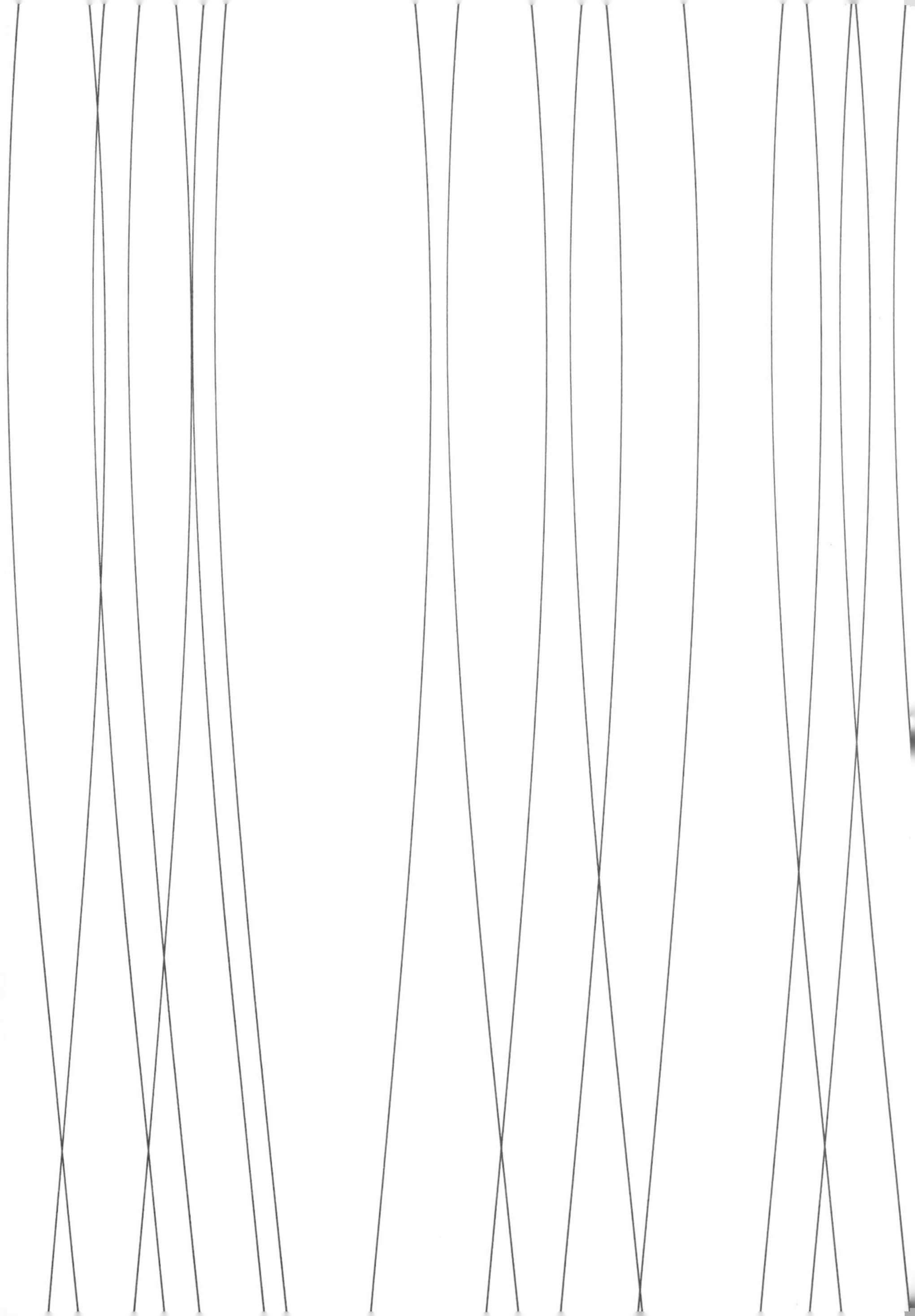

黃金之葉

行進於知識的密林裡，

途徑如此幽微。

我們尋覓一些參天古木，作爲指標，

我們也收集一些或隱或現的黃金之葉，引爲快樂。

黃金之葉
22

Net and Books 網路與書

柯札克猶太隔離區日記

兒童人權之父最後的回憶錄與隨筆

Pamiętnik i inne pisma z getta

Explanatory notes © Marta Ciesielska
Introduction © Jacek Leociak, published by arrangements with Grupa Widawnicza Foksal
All Rights Reserved

作者：雅努什・柯札克（Janusz Korczak）
譯者：林蔚昀
註釋：瑪爾塔・切歐絲卡（Marta Ciesielska）
導讀：亞采克・李歐恰克（Jacek Leociak）
責任編輯：張雅涵　　封面設計：許慈力
內頁排版：薛美惠　　校對：聞若婷

出版者：英屬蓋曼群島商網路與書股份有限公司臺灣分公司
發行：大塊文化出版股份有限公司
105022 臺北市松山區南京東路四段 25 號 11 樓
www.locuspublishing.com
TEL：(02)8712-3898　FAX：(02)8712-3897
讀者服務專線：0800-006689
郵撥帳號：18955675　戶名：大塊文化出版股份有限公司
法律顧問：董安丹律師、顧慕堯律師
版權所有　翻印必究

總經銷：大和書報圖書股份有限公司
地址：248020 新北市新莊區五工五路 2 號
TEL：(02)8990-2588　FAX：(02)2290-1658
製版：中原造像股份有限公司

初版一刷：2020 年 7 月
定價：新臺幣 480 元
ISBN：978-986-98990-1-7

Printed in Taiwan

柯札克
猶太隔離區日記

PAMIĘTNIK I INNE PISMA Z GETTA

兒童人權之父最後的回憶錄與隨筆

JANUSZ KORCZAK

雅努什・柯札克——著　林蔚昀——譯

Marta Ciesielska——註釋　Jacek Leociak——導讀

目次

居住猶太隔離區期間，臥病在床的柯札克。（Ghetto Fighters' House Archive, Israel）

1940年10月15日刊於《華沙新信使報》的猶太隔離區地圖：粗線為邊界，圓圈為出入口，路中細線為電車路線，左上十字區塊為波蘭天主教墓園，其下為猶太墓園。全區面積約3.4平方公里，人口最高達46萬人，平均居住密度為每房9.2人。（*Nowy Kurier Warszawski* / Wikimedia Commons / Public Domain）

譯者序

穿越黑暗的帷幕——柯札克最後的日記和隨筆告訴我們的事

林蔚昀（本書譯者）

在許多讀者眼中，雅努什・柯札克（Janusz Korczak, 1878/79?-1942）是個了不起的人。這位波蘭／猶太小兒科醫生捨棄了大好前程，去「孤兒之家」（Dom Sierot）照顧猶太孤兒，在三十多年與兒童相處的過程中，進行了一連串前衛的教育改革（兒童議會、兒童法庭、兒童自己編寫的報紙），並寫下許多動人的作品如《如何愛孩子》、《麥提國王執政記》、《麥提國王在無人島》、《孩子有受尊重的權利》和《當我再次是個孩子》等作，影響了後世對兒童及兒童權利的看法。人們也記得，柯札克在猶太大屠殺中和他所照顧的兩百名孩童一起被殺害。他寧可犧牲生命，也不肯丟下孩子，而是選擇和他們同在，許多人稱他的行爲是聖人般的壯舉，是英雄事蹟。

不過，或許因爲柯札克在人們心目中的形象這麼偉大又這麼英雄，大家也覺得他很遙遠。畢竟，大屠殺的歷史還是離我們太遠了。另外，許多讀者（尤其媽媽）都對我說，雖然知道柯札克的理念很棒，她們也認同，但不敢看柯札克的作品，因爲無法做到他書上說的，會覺得自己的一言一行都被譴責。

但我們看到的聖人和兒權之父柯札克，眞的是完整的、眞實的他嗎？在歌頌柯札克的同時，我們會不會犯了波蘭歷史學家亞采克·李歐恰克[1]所提到的錯誤：「我們對柯札克最深刻的印象，是他最後走向烏姆許拉格廣場的傳說，這傳說後來不斷在詩歌和文章中被重述。然而，傳說掩蓋了他的人生、事蹟和創作。我們在每個週年紀念日讚嘆柯札克英雄般的壯舉：他不想拯救自己的性命，而是選擇和孩子們一起到特雷布林卡赴死。然而，就像作家亨利克·葛林伯格[2]指出的，這種想法基本上是對柯札克這個人的侮辱，是對關於他的記憶的不尊重。眾人眼中不凡、英雄式的舉動，對柯札克來說是理所當然、再自然也不過的，完全符合他的人生觀和教育宗旨，他無法做出其他選擇。」

柯札克到底是什麼樣的一個人？是什麼讓他想要保護兒童、捍衛兒童的權利？

他小時候是什麼樣的孩子？他是怎麼長大的？他在糧食短缺、異常擁擠、蓋世太保和罪犯橫行的猶太隔離區是如何照顧孤兒的？這些疑問，我們在《柯札克猶太隔離區日記：兒童人權之父最後的回憶錄與隨筆》中，可以找到部分解答。

歷史的黑暗帷幕

辛波絲卡在她的詩〈死者們的信〉中寫道：「我們讀著死者們的信，像是無助的眾神，/但是不管怎樣還是神，因爲我們知道後來的日期。」我在閱讀和翻譯柯札克的日記和隨筆時，一個很強烈的感覺就是無助，因爲知道柯札克試圖拯救孩子的努力、他和其他人的合作或爭吵、他對未來的希望和期待（尤其是孩子的未來）……最

1 亞采克·李歐恰克（Jacek Leociak, 1957-）為波蘭文學史學者、作家，專攻猶太大屠殺文學研究，他是波蘭 W.A.B. 出版社出版的《猶太隔離區日記和其他作品》（*Pamiętnik i inne pisma z getta*，二〇一二年）選文編輯之一。下述引文詳見本書導讀（即李歐恰克為《猶太隔離區日記和其他作品》寫的編輯後記）。

2 亨利克·葛林伯格（Henryk Grynberg, 1936-），波蘭猶太作家。

後都會化爲虛無和塵土。一九四二年八月某個炎熱的日子，柯札克會和他孤兒院的孩子「一起從華沙的猶太隔離區走到烏姆許拉格廣場，坐上灑了生石灰、擠到不可思議的家畜貨車，被送到特雷布林卡的滅絕營」。[3]除了他，那天在列隊中的還有柯札克長年的合作夥伴史蒂芬妮・維琴絲卡（Stefania Wilczyńska）、其他「孤兒之家」的員工和他們的家人，以及許多別家孤兒院的孤兒、負責人、員工……恐怖的是，這些人不是唯一被送到滅絕營的猶太人，從一九四二年七月二十二日到一九四二年九月二十一日，每天都有數千人被送到滅絕營，總共加起來估計有二十六萬人被送走。

這令人難以想像的恐怖數字，像是一層層厚厚的黑色帷幕，把我們和這段歷史隔開。當我們想到「猶太大屠殺」，想到的就是黑暗和恐怖，以及「好可怕」、「不忍卒睹」、「痛心」、「怎麼會有人做出這樣的行爲」……我們的反應是正常的、人道的，但是這樣的反應，並不會讓我們對大屠殺有更多理解，也不會讓我們對當下有更多警覺。歷史是會重複的，但光是在看到悲劇發生時感嘆「歷史重演」不會讓歷史不再重演，唯一可能讓歷史不再重演的方法是正視歷史，定睛凝視那時候到底發生了什麼事。

所以，我們需要當時的見證，我們需要像是伊曼紐爾・林格布魯姆的《華沙猶太區檔案》這樣的紀錄，[4]或是柯札克的日記和隨筆。這些作品重建了那被破壞、抹煞的記憶，讓我們能穿越重重帷幕，穿越遺忘和冷漠，撥開廢墟，來到當時的現場，指認出曾經在那裡的人。

---

3 出處同前。特雷布林卡滅絕營（Obóz zagłady w Treblince）是納粹德國在波蘭特雷布林卡（Treblinka）建的滅絕營（又稱「死亡營」）。滅絕營與一般集中營不同，是為大規模殲滅人口設計，不會長期監禁犯人，押運往該處的犯人通常在抵達幾小時內便遭處決。一九四二年到一九四三年，德軍把大約三十萬的華沙猶太區居民趕到烏姆許拉格廣場（Umschlagplatz，德文之意為「轉運中心」），然後送進特雷布林卡的滅絕營和其他在盧布林地區的集中營。

4 伊曼紐爾・林格布魯姆（Emanuel Ringelblum, 1900-1944），波蘭猶太歷史學家，他在猶太隔離區成立了一個祕密的學術組織 Oyneg Shabes，該組織蒐集了數千份證詞，記錄華沙猶太隔離區中居民的命運，並且把檔案藏在牛奶罐和金屬盒中。戰後，這些文件出土，就是後來的《華沙猶太區檔案》（*Archiwum Getta Warszawy* / *Warsaw Ghetto Archives*）。

現實，回憶，見證

柯札克在日記和隨筆中見證了什麼？他見證到了兒童的痛苦，他在「主要收容之家」[5]看到「大部分孩子的求生本能都變弱了。他們對寒冷和飢餓沒有反應，他們氣呼呼地，光著腳，只穿一件襯衫就坐在沒有生火的房間，或是就坐在樓梯上。不想吃難吃的食物——於是放棄了進食」。他見證了痛失愛子的母親的絕望，但母親出於深愛孩子的心，不想讓路人破壞孩子的遺體，於是用紙和細繩把孩子細心包好，露出一隻光溜溜的小腳，「這樣人們就會知道，孩子沒穿鞋，也沒穿褲襪，裡面沒什麼好拿的」。他也見證了大人的冷漠虛偽，即使在猶太隔離區中，即使大家都在同一條船上，還是有人處心積慮偷搶拐騙，爲自己爭取最多利益和好處，而不是保護那些最需要保護、最容易受傷、也是柯札克最珍惜愛護的人——兒童。說出這些事實是令人不安的（因此在某些版本中，柯札克對其他猶太人的批評有被刪減），我們通常寧可把受害者視爲一個可憐的整體（或是加害者也被視爲一個可惡的整體），不去看他們之間的差異，也不去看他們的權力關係，但這樣的眼光，其實也是一種拒絕理解的逃避。

雖然柯札克的日記和隨筆與猶太隔離區的現實息息相關，但他的書寫範圍不只侷限於猶太隔離區的現實，也包括童年的回憶、對人生的觀察和哲思、他的夢想及渴望。似乎，被關在隔離區中、意識到自己正步向死亡的柯札克也希望能超越有形的圍牆和監獄，到童年、青年時代旅行，回顧自己一生所作所爲。我們看到，柯札克小時候其實是個不快樂的孩子，雖然敏感、聰明、有同理心，卻被爸爸罵是「心不在焉的笨蛋、白痴、笨驢」，被媽媽說是「什麼都無所謂，不管吃什麼、穿什麼、和同樣階層的孩子玩耍還是和門房的孩子玩。他和小小孩玩也不覺得丟臉」（在那個年代，像柯札克這樣出身上流的小孩和平民孩子玩耍，會被視爲有失身分）。

因爲知道孩子們活得多麼辛苦（富裕的孩子被死板的教條綁得窒息，貧窮的孩子被殘酷的現實碾壓），因爲想要讓孩子過得更好，柯札克選擇成爲小兒科醫生，在波

5「主要收容之家」（Główny Dom Schronienia）是猶太隔離區中一間孤兒收容所，那裡的情況非常恐怖，柯札克曾在那裡工作一個月，試圖整頓、改善它。

蘭頂尖的醫師門下學習，並且「爲了尋找光，爲了尋找知識」到法國、德國的醫院實習，到英國的孤兒院參觀。在一次大戰期間，他一邊完成身爲軍醫的義務，一邊照顧在戰火下受苦的孤兒。戰爭結束後，他回到「孤兒之家」，不斷改革，大量閱讀、思考、寫作，只爲了讓孩子們過得更好。最後，他來到了猶太隔離區，在絕望痛苦、飢寒交迫之中，依然爲他所相信的事物——兒童的福祉——戰鬥，直到最後。

緩慢堅定地，往光那邊移動

當我們了解了柯札克的人生，我們就可以更了解他的理念，如此，柯札克之於我們，就不會這麼遙遠。柯札克並不是一個完人、聖人，而是像我們一樣的平凡人。他也有缺點，也有令人驚悚的言論（比如看到一個壞孩子荼毒好孩子的生活，就覺得要判他死刑，或至少送他到矯正營）。我們也看到他殘酷無情的一面，他對他的合作夥伴和同事做出許多尖銳、惡毒的指控（柯札克罵起人來眞的是口無遮攔、酸度破表），有些可能有道理，有些可能沒道理。但是，也是這樣一個凡人，用肉身承受猶太隔離區中的苦難，雖然全身痠痛、瘦弱、肺積水、想自殺（他把毒藥裝在口袋）、會藉酒澆愁，但還是努力不懈地照顧孩子，直到最後一刻。柯札克讓我們看到：平凡人也可以努力做出偉大的事。

而且，柯札克的努力不是喊喊「救救孩子」的溫情口號，而是冷靜地分析該做什麼、不該做什麼、可以做什麼、沒辦法做什麼。柯札克每週會給孩子量體重（這是他持續了二十五年的習慣），藉此觀察孩子的健康狀況。他寫信給麵包師傅太太要麵粉，好緩和孩子的腹瀉，他和收容所附近的神父商量，讓孩子能去教堂的花園玩耍（雖然在戰時，但孩子也是要遊戲的啊！），他觀察半夜有多少孩子起來去上廁所，當他發現不是所有人都有上廁所，他感到憂心，因爲孩子們應該要起床去上廁所的……一般人看到垂死的街童，只會想到好悲慘或好討厭，而柯札克會思考，這些街童要送去哪裡。不能把所有人送到同一個機構，因爲單一機構無法負荷，應該要分散送到不同的機構。哪些機構要收？誰要去護送這些孩子？孩子暫時安置在警局時應該獲得什麼照顧？警察該如何對待這些孩子？醫院應該要有什麼設備？這許多許多的小細節，柯札克都會仔仔細細地思考、規畫。

我相信，我們可以從柯札克的遺作中學到許多，不只是歷史的悲慘，還有在面對危難的情況時，如何運用知識和技能冷靜地應變。我希望我們不會需要用到這些知識和技能（誰又知道呢？世界變得越來越糟了，歷史在重複，許多不該發生的事正在發生），但是擁有這樣的知識和技能是好的，這或許可以讓我們在遇到危難時保持理性和人性。

不過，要從柯札克的日記和隨筆中學到東西，一定要放慢閱讀的速度。不能想我要有個清楚明瞭的敘事，或我一定要很快讀出一個意義。畢竟，這本書就是柯札克的「日記」，非常流水帳，而柯札克在猶太隔離區中的生活也是繁忙、混亂的，很多時候他沒有時間心力回憶過去或進行哲學思考，而是得處理當下急迫的現實，在日記中規畫明天該做什麼、見什麼人、如何湊錢湊物資，或是抒發一天煩悶的情緒。讀這本書的最好方式是隨機翻開，每晚讀一點，就像柯札克每晚寫一點一樣，然後慢慢地去理解。我也是在翻譯了柯札克一年後，才能比較理解他筆下的內容及他寫作的心境。

在給這本書的翻譯收尾時，剛好是武漢肺炎疫情開始在全球蔓延的二〇二〇年二月，正值人心惶惶之時。雖然每天外在的生活都有許多不安，但每天晚上打開檔案，翻譯柯札克的作品，卻讓我有一種平靜的感覺，雖然我知道那裡面寫的是比現在更可怕的黑暗幽谷。

那種平靜感從何而來？我想，那是因爲柯札克讓我看到，在不安和絕望中，依然要坦然面對當下的生活，做好每天該做的事。不管怎樣都要努力，直到最後一刻，畢竟最後，能夠穿越黑暗的不是苦痛，而是光。

向光去的路途漫長，欲速則不達，因此我們得緩慢、堅定地移動。

繁體中文版編選說明

編輯部

《猶太隔離區日記》（*Pamiętnik*）爲波蘭兒童人權之父雅努什・柯札克遺作，多年來有不同版本與譯本出版流傳，耶魯大學出版社亦曾出版英譯本《Ghetto Diary》。

爲求如實詳盡地傳達柯札克生平與精神，本選集《柯札克猶太隔離區日記：兒童人權之父最後的回憶錄與隨筆》特邀譯者林蔚昀小姐由波蘭文直譯而成，集結柯札克日記與一九四〇至一九四二年間書信、隨筆等其他作品，參照原文版本爲現屬波蘭華沙Foksal出版集團的W.A.B.出版社於二〇一二年出版之《猶太隔離區日記和其他作品》（*Pamiętnik i inne pisma z getta*）。

該版本由柯札克研究中心（Korczakianum）召集人瑪爾塔・切歇絲卡（Marta Ciesielska）小姐與波蘭猶太大屠殺文學史學者亞采克・李歐恰克（Jacek Leociak）教授

共同編纂，以柯札克研究中心編輯的《柯札克全集》（*Dzieła*）第十五冊（共十六冊，陸續出版中）收錄之《猶太隔離區日記》爲主體，並再選錄柯札克居住猶太隔離區期間其餘相關書寫，呈現柯札克與「孤兒之家」的孩子在猶太隔離區之生活狀況、所思所想。切歇絲卡小姐另一一就日記與各作品文中重要事件細節、人物、地點詳加考證註釋，李歐恰克教授亦爲此書撰寫編輯後記，深入解析作品後的歷史脈絡與文學性。

編輯部幸獲切歇絲卡小姐、李歐恰克教授與Foksal出版集團授權，得將註釋與編輯後記由林蔚昀小姐整理、翻譯並收入書中（以後記作爲本書導讀），提供讀者更豐富、更貼近柯札克其人其事的閱讀體驗。本書導讀與正文註釋若無另行標示，均出自W.A.B. 版《猶太隔離區日記和其他作品》，惟由繁體中文版譯者與編輯部依據繁體中文版讀者需求，略加刪減或增補；若標記「譯註」或「編註」，則爲譯者與編輯部考量讀者對異文化認知，針對猶太、波蘭、歐洲相關之歷史、文化、文學、民俗風土等補充講解，以及依繁體中文譯本呈現需要註記之編校說明。

導讀

傳說掩蓋下的柯札克與猶太隔離區[1]

亞采克・李歐恰克（Jacek Leociak）

《猶太隔離區日記》沒有寫完，但是我們知道接下來會發生什麼事：柯札克會在八月的炙熱中，和孩子一起從華沙的猶太隔離區走到烏姆許拉格廣場，坐上灑了生石灰、擠到不可思議的家畜貨車，被送到特雷布林卡的滅絕營。這故事是在《猶太隔離區日記》之外發生的，是被德國人加上去的。柯札克是在一九四二年八月四日寫下日記中最後的文字，就在謝爾納街十六號的「孤兒之家」被清空之前。那是個早晨。老醫生一邊澆花，一邊打量德國的守衛兵。「我在澆花。窗後是我的禿頭，眞是個絕佳的瞄準目標。他手上有槍。爲什麼站在那裡靜靜地看？目前沒有命令。也許他之前是個鄉下的老師，或是一個公證人，或者是萊比錫的掃街工友，科隆的服務生？如果我對他點頭，他會怎麼做？或是友善地揮手？或者他不清楚目前的情況？也許他昨天才從遠方來……」

在這一小段文字中，柯札克的面貌完整地在讀者眼前浮現。這個六十四歲的老人做過許多領域的工作，涵蓋社會、醫學、教育。他行動、寫作，有著傳統的理念、原則和道德。《猶太隔離區日記》及其他戰時和在猶太隔離區寫下的作品成就了一本不凡的、柯札克思想的總結。我們可以在裡面找到幾乎所有他創作的主題、關心的議題以及創作類型（柯札克是個全方位的作者，有多種創作類型）。觀看柯札克人生的最後三年，我們可以用一種特殊的眼光看見他此生的成就。

我們對柯札克最深刻的印象，是他最後走向烏姆許拉格廣場的傳說，這傳說後來不斷在詩歌和文章中被重述。然而，傳說掩蓋了他的人生、事蹟和創作。我們在每個

1 編註：本文原為編輯後記，收錄於 W.A.B. 出版社《猶太隔離區日記和其他作品》（詳〈繁體中文版編選說明〉）最末，中文標題為中文版編輯團隊所訂。李歐恰克原註解詳列參考資料來源，與說明解析並陳；中文版為方便讀者閱讀，隨文註解節錄說明部分，並謹遵作者考證，以羅馬數字標示引文，另將詳細資料來源列於文末。

週年紀念日讚嘆柯札克英雄般的壯舉：他不想拯救自己的性命，而是選擇和孩子們一起到特雷布林卡赴死。然而，就像作家亨利克·葛林伯格指出的，這種想法基本上是對柯札克這個人的侮辱，是對關於他的記憶的不尊重。[i] 眾人眼中不凡、英雄式的舉動，對柯札克來說是理所當然、再自然也不過的，完全符合他的人生觀和教育宗旨，他無法做出其他選擇。

不只如此，他所做的，就和猶太隔離區其他三十所孤兒院的負責人、老師和員工一樣。除了柯札克，那天在列隊中的還有柯札克忠實的合作夥伴史蒂芬妮·維琴絲卡、帶著五歲女兒的庶務主任盧佳·阿茲里列維奇—史托克曼（Róża Azrylewicz-Sztokman）[2] 和她在辦公室工作的弟弟亨利克·阿茲里列維奇（Henryk Azrylewicz），就是後者幫柯札克把《猶太隔離區日記》的手稿用打字機打出來。走在同一條路上的，還有史坦菲德（Szternfeld）和大衛·鄧伯羅夫斯基（Dawid Dąbrowski），他們負責管理特瓦德街七號上的男孤兒院；布羅尼亞特芙絲卡（Broniatowska），她是西利斯卡街二十八號上的女孤兒院的負責人；席曼斯基（Szymański），負責管理沃納許奇街十四號的孤兒院；馬瑞克·哥德孔（Marek Goldkorn），管理沃納許奇街十六號上的乞兒照顧所；莎拉·哥羅伯—亞諾芙絲卡（Sara Grober-Janowska），管理捷爾納街六十七號上的幼兒孤兒院；阿倫·努森·柯尼斯基（Aron Nusen Koniński），管理米納街十八號的男孩孤兒院——以及許多其他人。

《猶太隔離區日記和其他作品》是一份價值非凡的自傳，見證了作者的一生，尤其是他最後在猶太隔離區的那段時期。柯札克的二戰書寫基本特色之一是，它們和猶太隔離區的現實息息相關，扎根於日常生活的瑣碎細節，詳細描寫最近計畫的執行、某個實際或無聊的情景——在此同時，每件事都有形而上的意義。因此，這些事件能穿越猶太隔離區的高牆，穿越事實的輪廓，打開讀者的視野，讓他們思考大屠殺所代表的意義，看到現實侷限中的道德難題，並看見在巨大痛苦和邪惡攻擊之下，人的處境。

2 譯註：即盧佳·史托克曼（Róża Sztokman），婚前本名盧佳·阿茲里列維奇（Róża Azrylewicz），後續正文與註解會再度提及。

◎

一九三九年十月在華沙有三十六萬猶太人。一九四〇年八月七日華沙市長路德維希・雷斯特（Ludwig Leist）發布了猶太區相關決策。他原本想在華沙邊緣蓋兩個猶太隔離區，一個在西邊的沃拉區和柯沃區，另一個在東邊的葛羅霍瓦區，最後他放棄了，決定把原本已經被圍起來的、斑疹傷寒肆虐的地區劃爲猶太隔離區。強制遷移開始了。一九四〇年十月二日（猶太新年的前一天）華沙州長路德維希・費雪（Ludwig Fischer）簽署了設立華沙猶太隔離區的文件，於十月十二日（在贖罪日[3]當天）透過街上的廣播器廣爲昭告。猶太隔離區的邊界曾多次更動，這使得裡面的居民必須多次搬遷。終於，在一九四〇年十一月十六日，猶太隔離區邊界關閉了。一九四一年一月，猶太隔離區大約有四十萬居民，而在一九四一年夏天——這是猶太隔離區人口密度最高的時候——則高達四十六萬。

Centos——也就是一九二四年設立的猶太孤兒與棄兒聯盟照顧中心——負責安排給孩子們的協助。柯札克在戰前沒有和這個組織密切往來，而在德軍佔領期間，他憤怒且不公地控訴聯盟，說這組織貪腐、自私自利、偷竊，而在那裡工作的人都是一群「自大、無恥、兇狠的混蛋」以及「狡猾的老狐狸」[4] [ii] 不然就是「最下流的人渣」。[5] [iii] 一九四〇年一月起，聯盟的董事長由阿道夫・伯爾曼（Adolf Berman）和約瑟夫・巴斯基（Józef Barski，本姓吉特勒〔Gitler〕）出任。聯盟不斷面臨財務困難和缺乏安置空間的挑戰，也無法滿足所有人的需要。但即使如此，聯盟依然努力擴增孤兒收容所，也創立新的中心，提供所謂「開放照顧」的服務，並且成功地動員了幾乎所有在華沙猶太隔離區裡的教育家、心理學家、護士、社福人員、經濟學家、行政人員和政府官員；參與人數多時，聯盟的員工和合作夥伴加起來超過一千人。聯盟所做

3 譯註：贖罪日（Yom Kippur），這是猶太教中一年最神聖的一天，人們會全日禁食和禱告，好好反省、贖罪、悔改。

4 「自大、無恥、兇狠的混蛋」以及「狡猾的老狐狸」出自柯札克寫給猶太人委員會成員史坦尼斯瓦夫・謝熱謝夫斯基（Stanisław Szereszewski）的信，柯札克在信中控訴猶太孤兒與棄兒聯盟照顧中心在分配魚油時，跳過「孤兒之家」和主要收容之家。

5 「最下流的人渣」出自柯札克寫給蘇菲亞・羅森布魯姆（Zofia Rozenblum）的信，後者是猶太孤兒與棄兒聯盟照顧中心的總醫師。

的事廣泛得驚人。他們設立了給孩子的廚房及照顧中心，不只提供食物，也提供照顧和教育。聯盟的青少年社福部門接管了幾百個原本隸屬於住戶委員會的青少年社團，這些青少年社團會舉辦自己的俱樂部和日間照顧中心，在裡面修習地下課程，辦自學運動，安排文學之夜。聯盟還成立了專門照顧街童（包括無家可歸的孤兒、乞兒、少年犯）的特別組織。除了提供孩子食物和照顧，聯盟也舉辦給年長孩子的工作坊，教他們縫紉、畫畫。透過和住戶委員會及其他社福單位共同合作，猶太孤兒與棄兒聯盟照顧中心設立了幾十個「給孩子的角落」，讓孩子在一個房間裡、在有人照顧的情況下玩耍、畫畫，有時候還可以吃一頓熱食。

在這些角落，也有給孩子的照顧和教育課程，由傑出的教育家盧佳．辛赫維奇（Roza Symchowicz）和心理學家艾絲特拉．馬金（Estera Markin）醫師負責。聯盟和Toporol（一九三三年成立的農業支持協會[6]）合作，整理出給孩子們的花園：在一小塊綠地上（這些是一九三九年九月許多房子被炸毀後，[7]清理過後留下的空地），老師們給孩子們安排遊戲、韻律操、跳舞和其他活動。一九四〇年十一月，聯盟設立了給孩子的中央圖書館，圖書館的創辦人和經營者是聯盟的董事長夫人，芭夏．伯爾曼

（Basia Berman）。聯盟中也有一個負責安排活動的委員會，會舉辦偶戲表演如《白雪公主》、《格列佛遊記》、《Icyk Szpicyk》（意第緒語劇目）。委員會也支持孤兒院創辦自己的戲劇社，「孤兒之家」中的演出就是在這樣的背景下誕生——「孤兒之家」的孩子們會準備偶劇演出，柯札克會講故事給孩子們聽，艾絲特拉・維諾哥羅（Estera Winogron）則改編泰戈爾的作品，演出了《郵局》。雖然這些演出都十分精彩，但在猶太隔離區中並非特例。

聯盟的另一個基本工作是維持猶太隔離區中大約三十所孤兒院和孤兒收容所的運作。一九三九年底，聯盟接管了各種不同的猶太孤兒照顧機構，有些原本是由市政府出錢贊助（比如萊施諾街一百二十七號的主要收容之家，後來猶太隔離區邊界封閉後，被遷到捷爾納街三十九號，柯札克在一九四二年二月曾在那裡工作），有些則是

6 譯註：Toporal 縮寫自農業支持協會原文名稱 Towarszystwo Popierania Rolnictwa。

7 譯註：指的是華沙圍城期間。一九三九年九月一日，德軍入侵波蘭，華沙圍城戰（波蘭文：Obrona Warszawy；英文：Siege of Warsaw）於九月八日展開，九月二十八日結束，戰況激烈，除了造成大量波蘭士兵傷亡，也造成一萬八千名平民喪生。

靠社會資助（比如柯札克在克羅赫曼那街九十二號的「孤兒之家」）。

「孤兒之家」的歷史起源於二十世紀初。一九一〇年，「孤兒援助協會」（Towarzystwo “Pomoc dla Sierot”）在克羅赫曼那街和卡洛科瓦街交界處買了一個廣場，一年後，克羅赫曼那街九十二號的「孤兒之家」開始建造。一九一二年十月，柯札克、「孤兒之家」主要的保育老師史蒂芬妮·維琴絲卡和一群孩子搬進了他們位於克羅赫曼那街九十二號的新家。這棟建築有四層樓，地下室是庶務和洗衣的空間，而在一樓則有可當作休閒空間和食堂的大廳、辦公室、「學校的房間」（孩子們會在這裡讀「孤兒之家」的報紙、做功課、禱告）、「安靜的房間」（只提供年長的孩子和員工使用）和縫衣間。一樓有一部分是一個平臺，上面放著鋼琴。這個平臺有時候可以拿來當舞臺，有時候則是孩子受罰的地方，被隔離的孩子只能從這裡被動地看著其他孩子玩耍。二樓有一個長陽臺，從那邊可以進入醫療室，然後再過去一點是一排小房間，原本是「孤兒之家」中年長的孩子在住，後來改爲收容外面的青少年。三樓則有兩間大寢室，一間給男孩（五十張床），一間給女孩（五十六張床）。在兩間寢室間是一個給值班老師的房間（一開始是柯札克的寢室）。女孩的寢室旁邊是史蒂芬妮·維琴絲卡的寢室，還有給病童的隔離室。閣樓則有一個房間，老醫生在那裡住到一九三三年。[8]房間裡有典型的三聯窗，簡單的家具（床、辦公桌，窗邊有一張給孩子坐的椅子，窗臺上則放著一個碗，裝著給麻雀的食物）。一九三九年九月，在轟炸期間，「孤兒之家」的屋頂被炸毀了，柯札克原本在閣樓上的房間也毀了。[iv]

在德軍佔領期間，「孤兒之家」一直都在原本的地方，直到猶太隔離區最後關閉邊界，也就是一九四〇年十一月十六日。雖然柯札克絕望地嘗試，想要讓「孤兒之家」（此刻有一百五十個孩子）留在原本的建築內，但還是得搬遷到猶太隔離區的圍牆後。那經過深思熟慮建成的空間，爲了符合照顧、教育、娛樂用途的特別設計，如今都毀滅了。「孤兒之家」的孩子、員工帶著他們所有的財產搬到了一棟比原先狹小、擁擠，而且不符合教育目的的兩層樓建築內，也就是霍德納街三十三號的羅斯勒商業學校。第二次的搬遷（一九四一年十月二十三日）則是因爲委員長奧斯華（Heinz Auerswald）下令改變猶太隔離區的邊界（札拉茲那街西邊的街道被劃出了猶太隔離區

8 譯註：柯札克曾從「孤兒之家」搬出去，和姊姊一起住，第二次世界大戰爆發後又搬回「孤兒之家」。

區），於是「孤兒之家」又必須搬家——這次是搬到西利斯卡街九號和謝爾納街十六號之間的工商互助協會。這是一棟四層樓的建築，大門位在謝爾納街，二樓有一個大房間，用衣櫃和屏風隔開，分為食堂、縫衣間、遊戲室和隔離室。晚上，這間房間就變成一間大寢室，讓孩子和員工睡覺，柯札克睡在旁邊的隔離室。除了大房間，他們還可以使用一樓的幾個小房間、四樓和閣樓，以及三樓原本的宴會廳（用來表演）。那裡很擠、很不舒服，條件比霍德納街三十三號差很多。「孤兒之家」也不是這棟建築唯一的主人：除了原本住在這裡的房客，走廊上也擠滿了排隊要進人民廚房（位於四樓）的人，而在一樓還有一家咖啡廳。[v] 一個曾經在柯札克創辦的《小觀點》（*Mały Przegląd*）兒童週報寫文章的記者，提到他去謝爾納街十六號拜訪柯札克的感想：「從某處傳來吼叫與叫喊。門上寫著『孤兒之家』的標示。我走進去……啊，原來如此……所以大家都在同一個房間……〔……〕值日生把我帶到一個小房間，那裡好像有六張床，四張床上躺著生病的孩子。窗邊則有一張桌子，有個人埋首於一堆文件中，一個我從沒看過的、穿著軍裝的人。是的，那是醫生。他很瘦，太過纖弱，微微笑著。」[vi]

柯札克就在這樣的環境中居住、工作、創作。一九四二年八月五日，他就是從這棟房子，和史蒂芬妮．維琴絲卡、所有的員工還有兩百個孩子，一起前往烏姆許拉格廣場。他就在那裡寫下《猶太隔離區日記》。

作者不只一次在文中提到他正在寫作。《猶太隔離區日記》的創作條件成了文本重要的一部分。第一段這樣的紀錄包含了之後也會出現的元素——時間和地點，還有寫作時的特殊環境：「現在是一九四二年五月。今年的五月很涼，今晚是所有寧靜的夜晚中最寧靜的。凌晨五點。孩子們都睡了，眞的有兩百個。史蒂芬妮小姐在右側，而我在左邊的隔離室。我的床在房間中間，床底下有一瓶伏特加，桌上有一塊黑麵包和一瓶水。善良的菲列克幫我削了鉛筆，兩頭都削尖了。我也可以用鋼筆寫，一支是哈達絲卡送我的，另一支是一個不乖小孩的爸爸送的。」

伊戈爾．紐維利[9]認爲，柯札克在一九四○年一月開始寫《猶太隔離區日記》，但是後來放棄寫下去。我們眼前的這個文本，是在一九四二年五月到八月間寫的，在其中，柯札克十九次提到寫作的時間。十次有日期（五月十五日、二十九日；六月二十六日；七月十五日、十八日、二十一日、二十二日、二十七日；八月一日和四日──這是最後的段落），十次有精確的時間或是指出這是夜晚。柯札克大部分時候在清晨寫作：「六點半」、「凌晨四點。我只把一扇窗戶的窗簾拉開，這樣光線才不會吵醒孩子」；或夜晚：「……夜深了。午夜十二點半了」、「午夜」、「我想要在這寧靜中（現在晚上十點）整理這一天，正如我所說，今天我工作得很辛苦」。他用鉛筆或鋼筆寫作。「我感覺很好，我想要一直寫一直寫，寫到鋼筆的最後一滴墨水都用盡。」沒有墨水，就得停下書寫。「也好，這支鋼筆也沒水了。今天，有很多工作等著我去做。」晚上，他藉著電土燈寫作：「莫謝克又放太少電土了，燈要熄了。在此打住。」清晨已經可以用自然光寫作：「清晨五點。好心的艾伯特把窗簾拉開了。因爲所有的窗戶都用黑紙做的窗簾遮住了……」柯札克特別偏好的寫作地點是床，他六次提到自己在床上寫作。或許是簡短的「五月二十九日，凌晨六點，床上」。或者是比較長的感想：「我的靈感來自於我意識到：現在我躺在床上，可以一直躺到早上，所以我有十二個小時心肺、思想都正常運作的時間。」

寫作時，柯札克會喝用「兩茶匙眞正的咖啡，加上人造蜂蜜」作成的提神飲料，或是一杯伏特加（酒瓶放在床底下）。「五杯兌了熱水的精餾酒精（水酒比例五比五）給了我靈感。」他在一九四二年五月寫道：「我喝掉了我庫存中最後的半瓶。我本來沒有要打開它的，我本來要把它留起來，給黑暗的時刻。但是魔鬼沒有睡著——我胃裡都是包心菜、大蒜和五十克的香腸，我需要喝點酒安撫它。」在《猶太隔離區日記》和其他在猶太隔離區中寫下的文章中，柯札克好幾次提到伏特加。在他爲了申請擔任捷爾納街三十九號的保育老師，而寫給猶太人委員會人事部門的信中，他寫道：「我吃得很多，睡得也好，最近喝了十杯濃烈的伏特加後，我還精神抖擻地從利馬斯卡街走回謝爾納街」。約翰・歐爾巴赫（John Orbach，猶太隔離區的郵差）戰後

9 譯註：伊戈爾・紐維利（Igor Newerly, 1903-1987），波蘭小說家、教育家，曾和柯札克一起工作，自一九二六年起擔任柯札克的祕書。二戰爆發後，他參與波蘭的地下反抗運動，當柯札克和「孤兒之家」的孩童被送入猶太隔離區，他亦協助柯札克，並且保存了他的日記。紐維利在一九四三年被蓋世太保抓住，後來被監禁在華沙的帕維克監獄（Pawiak），又待過好幾個集中營，如馬伊達內克集中營（Majdanek）、奧斯維辛集中營（Auschwitz）、貝爾根—貝爾森集中營（Bergen-Belsen），戰後他繼續寫作、從事教育工作。

在一本希伯來雜誌中回憶道，他有一次拿包裹去「孤兒之家」，發現「門口站著柯札克。我把收據拿給他簽名，當他簽名的時候，我聞到濃烈的伏特加味。他應該是馬上就明白，我注意到了。他挺直身子，我們就面對面這樣站了很久，然後他走近我，把手放在我肩膀上說：『我們應該——即使情況如此——我們應該試著活著，彷彿這一切不存在。』」vii

◎

柯札克在生命中的最後三個月寫下《猶太隔離區日記》，卻把自己的一生都寫了進去。他寫過去——從童年、青年到成年時期——也寫現在：他記錄華沙猶太隔離區和「孤兒之家」的日常生活，報導街上一閃即逝的景象，還記下經營孤兒院每日的需求（努力取得魚油，爭取分配到沒被領走的食物包裹，挨家挨戶拜託好心人捐款），以及他對人們、機構、援助兒童行動的觀感。多半時候他的評價都很嚴苛、暴力。柏爾森與包曼兒童醫院的院長以及猶太人委員會健康部門的主管安娜·布勞德－海樂洛娃（Anna Braude-Hellerowa）醫師，是當時最高貴的心靈之一，但是柯札克卻不知道爲什麼用這麼粗俗的話罵她：「歇斯底里的下流女人，抱著醫院洗碗女工心態的懶鬼。」他還嘲弄地把她的姓氏改成「布洛伊葛斯—霍亂洛娃」。不過，他對猶太孤兒與棄兒聯盟照顧中心所安排的「孩童之月」所做出的嚴厲批評（這個活動是爲了激起猶太隔離區社群對孩子的愛心），倒是很正確，而且也有人同意他的看法，包括林格布魯姆。他在一九四一年秋天提出了一份〈針對孩童之月的不同意見書〉，在裡面他提到，海報上的標語「孩子是最神聖的」根本是「褻瀆、異說、謊言、金玉其外敗絮其中」。[viii] 柯札克認爲，他們每天爲了猶太隔離區內孩童的命運戰鬥，費盡力氣克服萬難和冷漠的高牆，而「孩童之月」這種做做表面工夫的行爲和眞正的戰鬥背道而馳。在拉赫莉亞．奧巴赫（Rachela Auerbach）的日記中，我們可以看到一段和柯札克所控訴的事有關的揪心文字：「在人行道上躺著一具死去孩子的屍體，他身上就蓋著『孩童之月』的海報，海報上寫著：『救救孩子！我們的孩子得活下去！』」[ix]

我們在本文中只會談到一部分在柯札克的日記中經常出現的主題。這些主題包括：死亡、自殺、安樂死。關於安樂死，柯札克在日記中寫了一篇完整的論述，裡面有在未來讓安樂死合法化的建議，也包含許多細節。「當我在艱困的時刻，衡量讓隔離區中必死無疑的嬰孩和老人安樂死的可能性時，我明白到，對於病人和弱者來說，這是謀殺，是對無意識的人的暗殺。」他在文中如此告白，並且想像：「在未來，這事會如何發展？」特別的政府機關，特別的、包含動機的申請書，由醫生/心理學家/精神分析家審核，和病患談話，然後最後——決定時間和取消的方式。「我看起來在說笑，但我沒有。」柯札克保證。自殺的想法從年輕時就一直伴隨著他。在《猶太隔離區日記》中他回憶：「十七歲的時候，我甚至開始寫一本叫做《自殺》的小說。主角憎恨人生，因爲他害怕自己會發瘋。我極度恐慌地害怕精神病院，我父親曾經多次被送進那裡。」在另一處，他則承認：自從戰爭爆發，他就隨身把氯化汞和嗎啡藥錠放在口袋。

另一些常出現的主題是：老去、疾病、孤獨。在戰前一年，柯札克在電臺的週報《天線》（*Antena*）中寫了一篇文章，關於在親密的人之間所感受到的孤獨，以及在冷漠的人之間感受到的孤獨，關於「無人島的孤獨」以及「充滿人群、喧囂、信仰的孤獨」。「你分割、分送了自己的人生嗎？你保衛了什麼？爲什麼而戰？老年的孤獨——回憶錄——告白——人生的清算——遺囑。」[x] 這段話，彷彿預示了之後的《猶太隔離區日記》。他在一九四二年四月，爲了他無法去主要收容之家參加逾越節晚餐，而向他多年的合作夥伴娜塔莉・贊德（Natalia Zand）醫師寫信道歉：「我沒辦法去找你們，因爲我老了，又累又弱又病。」他還在信中詳細介紹了自己的症狀和病痛。在《猶太隔離區日記》中他又回到這些主題，訴說自己的疲倦、早上穿衣的辛勞、折磨人的咳嗽、把舌頭弄傷的斷齒。莫德海・蘭斯基（Mordechaj Leński）醫師曾經在猶太隔離區中給柯札克看診，他回憶：「他很削瘦，臉頰長滿紅斑，眼睛很紅，說話很小聲，呼吸困難。X 光顯示他胸腔有積水。柯札克醫師對此毫不在意。他問，積水到了哪裡，當他得知，積水還沒到第四肋骨，他擺擺手表示這只是小意思。」[xi] 一九四二年六月柯札克動了一場手術，因爲他沒照料好肩胛骨上的潰瘍。根據史黛拉・艾略斯伯格（Stella Eliasberg）的回憶，一九四二年七月柯札克的健康狀況很糟。「他的心臟很虛弱，雙腿和雙足都浮腫了，他必須在床上躺好幾個小時。」[xii]

在柯札克的作品中，小孩——老人的意象從一開始就出現了。「史達謝克皺起蒼白的臉哭泣，他的臉是一個三個月大的老人的臉。這些老人嬰孩的臉眞可怕，有著皺巴巴的臉，尖尖的下巴，萎縮、凹陷的眼睛。」他在〈醫院的景象〉中如此寫道（該文收錄在《知識》〔*Wiedza*〕週報中，一九〇八年到一九〇九年交界時刊出）。[xiii]在他於一次大戰開始寫的教育理論著作《如何愛孩子》（*Jak kochać dziecko*）中，他就注意到，孩子的年紀不是用他活了多少年來計算，而是在孩子身上「累積了上百年的傷害〔……〕那不是孩子在哭，而是好幾個世紀在哭，那是痛苦和懷念本身讓他失望」。[xiv]猶太隔離區把孩子們變成了行動不便的老人。在一篇關於主要收容之家的報告中，他提到：戰爭開始時，一個名叫祖澤的男孩「開朗、足智多謀、活潑，健康又強壯」，兩年後柯札克再遇見他，他已經「用沉重緩慢的步伐往斯摩察街上走去」，他看起來像是個老人，讓柯札克差點認不出來。[xv]柯札克在日記中清楚寫道：「『孤兒之家』現在是老人之家。」

《猶太隔離區日記》中最神祕、最有爭議以及最令人不安的段落來自一九四二年七月二十七日。五天前，運送猶太人的行動才剛開始。在這悲劇的遷移中，柯札克寫下了他對恐慌居民的呼籲：「爲什麼我不能安撫這不幸、瘋狂的社區？只要一段簡短的演說。政府也許會同意。」他用強硬的字眼，訴說服從佔領者命令的必要性，不只如此——他對這些命令的解讀，似乎只看到德國人有邏輯的一面，沒看到那是僞裝。他說：「選擇吧：要不就離開，不然就留下來工作。」然後他又說：「猶太人要到東邊去。（……）軌道在此。（……）我們是鐵做的滾筒，是犁，或鐮刀。只要能讓麵粉變成麵包就好。我們會有麵包的，只要你們不妨礙我們。你們不准妨礙我們。我們也不允許你們發出哀鳴、生氣或散播傳染病。有時候，我們甚至可能會短暫地同情你們，但我們必須用皮鞭、用棍子或鉛彈——因爲我們必須建立秩序。（……）兄弟，你必須聆聽歷史的宣言，關於新的章節。」柯札克這份呼籲是認眞的嗎？他是用自己的聲音說話，還是模仿別人的聲音？或是，他眞的相信強制遷出帶來的「潔淨」？而災難性的大滅絕會給歷史「帶來新的一章」？他是在用嘲弄的面具掩飾絕望嗎？還是他是天眞、絕望地想在加害者的行爲中找到理性？他是否眞的相信那些被送走的人有機會活下來，因爲工作會拯救他們？八月四日，關於在街上被抓走的艾絲特拉．維諾哥羅，他寫道：「也許不是她，而是我們掉到陷阱裡了（留了下來）。」但是他之前明明努力要「讓艾絲特卡回來」。

要解開這個謎題，我們得先找到這個問題的答案：「柯札克那時候知道特雷布林卡滅絕營的眞相嗎？」我不認爲他知道，但是關於這一點，我們已經永遠不可能得知了。即使是在人滿爲患的車廂中，人們也不相信他們是去赴死的。從特雷布林卡滅絕營逃出來的大衛．諾沃德沃斯基（Dawid Nowodworski）說：「我是在八月十七日星期一被抓的。〔……〕在我的車廂中有七十一個人，來自不同的環境，有著不同的年齡。車廂被封死了。沒有人相信我們這一趟是要去死。我們很確定，我們要在那裡展開新生活。也許老人和小孩會死，但是成人會活下來。」[xvi]

◎

《猶太隔離區日記》展示了柯札克的文學天分。文學性在此不是裝飾，而是書中理念不可分割的一部分，是思想不可或缺的載具，如果沒有它，不可能了解內容。打造形式的框架、自由地使用語言、使用敘事手法，創造結構、呼應現存的文學形式並且創造新的文學形式——這些都是柯札克寫作的基本特色。[xvii]他的理念、世界觀、教育觀點不只透過直接的宣言表達，也可以在他寫作的形式中看到。作爲文學著作，《猶太隔離區日記》是一本傑作，不只如此——它是一本充滿現代性的傑作。

我們可以說，我們眼前的是一本開放的著作，一個還沒準備好、混濁、殘缺的形式——充滿了不連續、未完的話語和中斷的情節。它支離破碎，因為不完整，而且很「主觀」（這邊是正面的意思），它是「柯札克筆下的猶太隔離區」。它很殘酷，不只是因為它揭露了大屠殺的恐怖，也是因為它表現出這恐怖對受難者造成的毀滅性影響。柯札克是個理想主義者，但同時他也能以清醒的目光看待現實，而對自己——他則抱著批判的距離和自我嘲諷。《猶太隔離區日記》的破碎顯現在鬆散的結構中，柯札克把各種場景拼湊在一起，結合稀鬆平常的觀察和深入的省思，混雜多種語言、時間和敘事線。童年初期的省思——那非凡的，關於金絲雀的葬禮或莫多瓦街的基督降生劇表演——就像是一小塊一小塊的碎玻璃（柯札克的曾祖父是玻璃匠），滲入了「孤兒之家」在毀滅之前的日常。

我想在此提到，靈動的風格是柯札克一貫（在戰時特別明顯）的特色。他有一雙靈敏的耳朵，可以捕捉粗糙的語言、能量豐沛的口語，然後把口語和隱喻結合，把敏銳的詩意和暴力的控訴詛咒並陳。有些部分讓人想起米容．白沃謝夫斯基[10]後來所說的「現實的告密」。在《猶太隔離區日記》中，我們也可以找到各種不同的文學類型，比如回憶錄、日記、微型報導、譬喻、風俗情景、哲學或教育的論述。

柯札克用一個夢想給他在一九〇九年寫下的夏令營小說《莫許奇、約思奇、思魯拉》（*Mośki, Joski i Srule*）作結。孩子和老師一起思考：「或許我們不要回去華沙？也許我們該手牽手，拿起旗子，唱著歌然後大步上路。〔……〕往太陽那裡去。〔……〕我們會走很久，很久，我們會一直走，一直走，一直走〔……〕」[xviii] 尤安娜．歐恰克—洛尼克[11]在她所寫的柯札克傳記中提到，舉辦夏令營的米豪烏沃克就在離特雷布林卡幾公里之處。這想像的、邁向陽光的路途，讓人想起「孤兒之家」邁向烏姆許拉格廣場的路途。我又想起另一段關於孩子遊行的文字。在柏林附近，那裡有個收容「孩子—白痴」的地方，也就是達爾多夫瘋人暨殘障人士收容院。柯札克一九〇七、一九〇八年間在柏林研習時，就在那裡看到了幾百個病童在遊行，他們「走在愛國歌曲的節拍上，拿著旗子上下揮動，一下子把旗子交叉，一下又作勢用它開槍〔……〕在這之中，有著令人悲傷無比的東西。」[xix] 而我，則在這可怕古怪的孩童遊行當中，看到了二十世紀瘋狂的預兆，極權主義可怕的威脅，還有它的自動、機械化，像是維卡奇[12]所預言的。

資料來源

i 引自亨利克·葛林伯格，〈人類靈魂作爲一個孤兒〉，收錄於《非藝術的眞相》，頁一二三。（Henryk Grynberg. "Duch ludzki jako sierota." *Prawda nieartystyczna.* Katowice?: Almapress-Czeladź, 1990, p. 123.）

ii 引自亞歷山大·李文編，《猶太隔離區中的雅努什·柯札克：新的消息來源》，頁八一及八四。（Aleksander Lewin, ed.. *Janusz Korczak w getcie. Nowe źródła*, edited by. Warszawa: Latona, 1992, p. 81 & p.84.）

iii 出處同前，頁八六。

iv 詳見伊達·梅爾江，《爲了不要遺忘：關於克羅赫曼那街九十二號的「孤兒之家」》。（Ida Merżan. *Aby nie uległo zapomnieniu. Rzecz o Domu Sierot Krochmalna 92*, Warszawa: Nasza Księgarnia, 1987.）

---

10 譯註：米容·白沃謝夫斯基（Miron Białoszewski, 1922-1983），波蘭作家、詩人、演員，以前衛的語言著稱。

11 譯註：尤安娜·歐恰克—洛尼克（Joanna Olczak-Ronikier, 1934-）波蘭作家，著有《柯札克：一本傳記的嘗試》（*Korczak. Próba biografii*）。

12 譯註：維卡奇（Witkacy），也就是史坦尼斯瓦夫·維特凱維奇（Stanisław Witkiewicz, 1885-1939），波蘭作家、畫家、哲學家。

v 亞歷山大・李文，《當結局到來：雅努什・柯札克最後幾年的人生》，頁八一—八二。（Lewin, Aleksander. *Gdy nadchodził kres. Ostatnie lata życia Janusza Korczaka*, Warszawa: Wydawn. Szkolne i Pedagogiczne, 1996, pp. 81-82.）

vi 出處同前，頁八五—八六。

vii 引自《爲了不要遺忘》，頁一三五。

viii 引自《猶太隔離區中的雅努什・柯札克》，頁二五三。

ix 引自猶太歷史博物館資料庫（AŻIH），RING I, 642。

x 出自《天線》一九三八年四月二十四日第十七期，收錄於《柯札克全集》，第十冊，頁一六四。（全集資訊：Korczak, Janusz. *Dzieła*. Warszawa: Korczakianum, 1992. 16 vols.）

xi 出自莫德海・蘭斯基，《一個醫生關於華沙猶太區的回憶》，波蘭文譯文由米勒維奇（B. Milewicz）翻譯。（Mordechaj Leński. *Haye ha-yehudim be-geto Varshah : zikhronot shel rofe/ Życie w getcie warszawskim, wspomnienia lekarza*. Jerusalem: Sifriyat Ha-Sho'ah, 1961.）

xii 出自史黛拉・艾略斯伯格，〈屠殺時刻〉，收錄於《關於雅努什・柯札克的回憶》。（Stella Eliasbergowa. "Czas zagłady". *Wspomnienia o Januszu Korczaku*, edited by L. Barszczewska, B. Milewicz, Warszawa: Nasza Księgarnia, 1989.）

xiii 引自《柯札克全集》，第四冊，頁二六七。

xiv 引自《柯札克全集》，第七冊，頁二一八。譯註：中文版可見《如何愛孩子》（心靈工坊，二〇一六年出版），頁三四六—七。

xv 見本書收錄之〈捷爾納街三十九號的第一步〉。

xvi 猶太歷史博物館資料庫，Ring. II, 296。

xvii 柯札克寫作之文學性研究，詳見漢娜・克西納等人所編之《柯札克：生平及作品》。（Hanna Kirchner, Michał Głowiński, Teresa Walas, Małgorzata Baranowska, Marta Piwińska and Irena Maciejewska, editors. *Janusz Korczak-życie i dzieło. Materiały z Międzynarodowej Sesji Naukowej, Warszawa 12-15 października 1978 r.* Warszawa: Wydawn.

Szkolne i Pedag, 1982.）

xviii 引自《柯札克全集》，第五冊，頁九五。

xix 引自《社會》（*Społeczeństwo*）週刊刊載文章〈身心障礙兒童〉（Dzieci troski），收錄於《柯札克全集》，第四冊，頁三八八。

德軍佔領波蘭，在華沙街頭築起高牆，劃出猶太隔離區。
（Bundesarchiv, Bild 101I-134-0791-29A / Knobloch, Ludwig / CC-BY-SA 3.0）

大批猶太人被迫由波蘭各地遷往華沙的猶太隔離區。（Wikimedia Commons / Public Domain）

華沙猶太隔離區有大小兩區，跨越霍德納街的陸橋是連結兩側的通行路徑。（Wikimedia Commons / Public Domain）

猶太區警察守在隔離區圍欄邊，對街牆後是波蘭人居住的區域。（Bundesarchiv, Bild 101I-270-0298-11 / Amthor / CC-BY-SA 3.0）

猶太隔離區街頭無家可歸的兒童。（Wikimedia Commons / Public Domain）

數千份記錄隔離區居民命運的證詞，藏在牛奶罐和金屬盒中。這些文件就是後來的《華沙猶太區檔案》。（Wikimedia Commons / Public Domain）

猶太隔離區日記

PAMIĘTNIK

一九四二年五月到八月四日

第一部

回憶錄是一種陰沉、憂鬱的文學。不管是藝術家、學者、政治人物還是領袖，他們都懷抱著遠大的夢想開始人生，手段強硬、圓滑或挑釁，充滿行動力。他們力爭上游，克服萬難，擴大影響力，經驗和朋友都不斷增加，他們的成果越來越豐碩，也越來越容易取得，他們按部就班地朝目標前進。這樣的情況持續了十年、二十年、三十年。然後……

然後就是疲倦，然後就是一步一步地因循苟且，走在舒適的道路上，他們的熱情消褪，並且痛苦地預感到：不是這樣，太少了，更難以獨當一面。增加的只有白髮，原本光滑自信的額頭上也多了許多皺紋，視力不如從前，血液也流得比較慢了，而且舉步維艱。

發生了什麼事？老啦。

有些人很頑固，（不願）[1]放手，他們想和以前一樣，甚至比以前更快、更有力，這樣才能趕上。他們自我欺騙，頑強抵抗、掙扎。另一些人呢，他們則憂鬱、無奈地放棄，不只如此，他們甚至還退縮了。

「我已經不行了。」

「我連試都不想試了。」

「不值得。」

「我已經搞不懂了。」

「如果我能重獲消逝時光的骨灰，再一次擁有那些在歧途中虛擲的能量，肆意浪費的力氣……」

新的人，新的時代，新的需求，這些讓老人煩躁，而他也令人煩躁。馬上就產生了誤會，之後誤會就變成長期的不理解。年輕人的手勢、腳步、眼睛、潔白的牙齒和光滑的額頭都讓老人煩躁，雖然年輕人什麼都沒說……

周遭所有的一切和所有人，這個世界，你自己，還有你的星辰[2]都覺得：「夠了……你已是落日餘暉……現在是我們的時代……你的時代結束了……你認爲我們〔不〕行……我們不會和你爭辯，你比較會，你更有經驗，但是讓我們自己試試看吧。」

這就是人生的法則。

人，動物，樹木，誰知道，或許石頭也是，都遵循著這樣的法則。現在是年輕一輩的時代，充滿了他們的意志，他們的力量。

今天你垂垂老矣，明天你就老態龍鍾。

你鐘面上的指針走得越來越快。

人面獅身的史芬克斯用冷硬如石的眼神問了那個永恆的問題：「什麼動物早晨用四條腿走路，中午用兩條腿走路，晚上用三條腿走路？」

而你拄著拐杖，望向夕陽那冰冷、消逝的餘暉。

---

1 譯註：柯札克的打字稿中有些漏字，波蘭文版編輯團隊推測缺漏字後以〔〕加入文中，中文版參照內容翻譯，並將〔〕予以保留。

2 譯註：這邊指的是星座，波蘭有句諺語，「命運被寫在星辰之間」，意思接近中文的「命運天註定」。

我試著選擇一條不同的道路面對人生。也許我會有好運，也許會成功，也許我必須這麼做。

當你挖井的時候，你不會從深處開始挖，而是從最上層開始，大刀闊斧地把土一鏟一鏟地挖出去，不知道下面有什麼，不知道底下有多少盤根錯節的樹根，會遇到多少阻礙，又缺少什麼，也不知道會挖出多少你或別人埋進去的石頭或硬物。

你下定決心，你有足夠的力氣開始行動（話說回來，人生中眞的有任何工作是會完成的嗎？）。你往掌心吐了口口水，堅定地拿起鏟子，大膽開挖。

「一，二，一，二。」

「神啊，幫助我。」

「老頭，你在幹嘛？」

「你自己也看得出來，我在找地底的泉源，我會找出乾淨、涼爽的泉水，讓回憶四處流淌。」

「要我幫你嗎？」

「喔，不用了，親愛的，每個人都得自己來。讓別人幫忙不會讓工作變快，也沒有人能爲別人代勞。其他的事還可以讓你幫忙，但如果你還信得過我，也不會輕視我，這最後的工作就讓我自己來吧。」

「願神保佑你。」

於是……

我打算在此回應一本僞預言家寫的、滿紙謊言的書。這本書眞是害人不淺。

書名是《查拉圖斯特拉如是說》。[3]

我也有幸和查拉圖斯特拉交談過。他的智慧沉重、堅硬、銳利。哲學家啊，這些智慧把你帶進了冰冷的圍牆中，帶到精神病院擁擠的柵欄後，因爲事實就是如此。白紙黑字寫著：「尼采因爲和生命爭執而發瘋了。」

3《查拉圖斯特拉如是說》（*Also sprach Zarathustra*）是德國哲學家尼采（Friedrich Wilhelm Nietzsche, 1844-1900）的著作，這本書是柯札克少年時的讀物。查拉圖斯特拉即祆教（古波斯帝國國教）創始人。

而我想在我的書中證明，他是因爲和眞相爭執而發瘋的。

查拉圖斯特拉教給我的是不一樣的東西。也許我的聽力比較好，也許我比較專注。

有一件事是我們都同意的：老師的道路，和我這個學生的道路，是一條艱辛的道路。我們的失敗多過成功，我們的路上有許多彎道，所以我們的時間和付出的努力都白費了，至少表面上看起來如此。

因爲我不是在孤獨的病房、在最憂鬱的醫院裡獲得報酬，而是在〔——〕[4]，那裡有蝴蝶、螽斯、螢火蟲，有蟋蟀的合聲，藍天中還有雲雀在獨唱。

善良的神。

謝謝祢，善良的神，在炎熱的一日，在辛勞的工作後給了我草原、燦爛的夕陽以及涼爽、微微的晚風。

親愛的神，祢是這麼地有智慧，創造了芬芳的花朵，夜晚閃爍的螢火蟲，還有天空點點的繁星。

老年生活是多麼令人喜悅。[5]

這寧靜多麼愉快。
愉悅的休息時光。

「人領受祢無盡的恩賜，祢創造、拯救了他……」[6]

嗯，好，我要開始了。
「一，二。」

兩個老頭在曬太陽。
「喂，你這個老不死，說說你是怎麼活到今天的。」

4 編註：本書中〔——〕表原文手稿難以辨識或未寫完。
5 譯註：波蘭有句諺語：「老年生活令人不悅。」（Starość nie radość.）柯札克在此對這句話做出了顛覆。
6 出自波蘭詩人法蘭奇謝克・卡平斯基（Franciszek Karpiński, 1741-1825）的詩作〈早晨的頌歌〉（Pieśń poranna）。

「嗯，我這輩子過得四平八穩，沒什麼衝擊或突然的轉折。我不抽菸、不喝酒、不打牌、不追著女孩跑。我從來沒餓過，也沒有太勞累，我不趕時間，也不冒險。我總是在對的時候做對的事，不多也不少。我沒有折磨我的心臟、肺部和腦袋。我的長壽祕訣就是適量、寧靜和平衡，這就是爲什麼我活到了今天。那你呢？」

「我的情況不太一樣。我總是衝在容易起腫包和瘀青的第一線。我第一次嚐到革命和槍彈的滋味時，還只是個乳臭未乾的小子。我在牢裡度過了許多無眠的夜，這足以削弱一個年輕人的銳氣了。[7]之後戰爭爆發了，沒什麼大不了，必須到遙遠的地方，到烏拉山脈、貝加爾湖後去尋找它，沿途經過韃靼人、吉爾吉斯人、布里亞特人的地方，一直來到中國人那裡。[8]我在滿州的道外州村[9]待了一陣子，然後革命再次爆發。之後有一段短暫的、彷彿和平的時光。當然，我喝伏特加，也好幾次在玩牌時賭上性命，不只是賭那幾張皺巴巴的紙。只有女孩我沒時間追著她們跑，因爲她們很貪婪，夜晚都不讓你休息，而且還會生小孩。這是可怕的習俗。那發生過在我身上一次，之後一輩子都讓我感到噁心。我菸抽得很兇，不管是在白天，還是和人討論事情，我都在抽菸，就像煙囪一樣。我身上沒有一處是健康的。我有蟹足腫、各種疼痛、疝氣、傷痕，我整個人分崩離析、像是綻了線的衣服或是壞掉的家具發出嘎吱嘎吱的聲音，但我活著，而且還活得不賴。那些擋在我路上的人，會知道我在說什麼。我踢起人來依然毫不腳軟。從以前到現在，我面前的混蛋都躲我躲得遠遠的，但我也有支持者和摯友。」

「我也是，我有孩子和孫子。朋友，您呢？」

「我有兩百個孩子。」

「您在開玩笑吧。」

現在是一九四二年五月。今年的五月很涼，今晚是所有寧靜的夜晚中最寧靜的。凌晨五點。孩子們都睡了，真的有兩百個。史蒂芬妮小姐[10]在右側，而我在左邊的隔

7 柯札克第一次被捕的狀況不明，也許與一八九九年二月到三月之間華沙大學和其他大學的學生抗爭運動有關。

8 這邊指的是日俄戰爭，柯札克以軍醫身分被派到哈爾濱參戰。

9 譯註：此處「道外州」為音譯，原文是Taołajdżou。

10 史蒂芬妮・維琴絲卡（Stefania Wilczyńska, 1886-1942）是柯札克多年的合作夥伴，和他一起經營為華沙猶太兒童設立的孤兒院「孤兒之家」（Dom Sierot）。

離室。[11]

我的床在房間中間，床底下有一瓶伏特加，桌上有一塊黑麵包和一瓶水。

善良的菲列克[12]幫我削了鉛筆，兩頭都削尖了。我也可以用鋼筆寫，一支是哈達絲卡送我的，另一支是一個不乖小孩的爸爸送的。

鉛筆在我手指上留下了一道一道的凹痕，我現在才想起，我可以用不同的筆，用鋼筆會比較舒適、輕鬆。

難怪從小爸爸就說我是個心不在焉的笨蛋，他生氣的時候，還會罵我是白痴或笨驢。只有外婆相信我有未來。除了她，所有人都認爲我是個懶鬼、愛哭鬼、喜歡哭哭啼啼的傢伙（我剛才說過了）、白痴、一點用處都沒有。[13]

但這些之後再說。

他們都是對的。一半一半。外婆和爸爸。

但這我之後再說。

懶鬼……沒錯，我不喜歡寫字。我喜歡思考，這對我來說沒什麼難的，彷彿我在對自己說故事。

我有一次讀到：「有些人完全不思考，就像有些人說他們完全不抽菸。」

我思考。

「一，二，一，二。」每當我在我的水井上方笨拙地挖一鏟，我一定會停下來發呆沉思十分鐘。不，不是因爲我今天特別虛弱，不是因爲我老了，而是我總是會這麼做。

外婆總是給我葡萄乾，對我說：「哲學家。」

我應該在那時候，就在私密的談話中告訴了外婆我改變世界的遠大計畫。我的計畫不大也不小，就只是把所有的錢捐出去。要怎麼捐，還有要捐到哪，捐了之後要怎麼做，我那時候還不知道。你們不用對我太嚴格，我那時才五歲，而我想要解決的問題很困難：要怎麼做，才能讓世界上不會有髒兮兮、衣服破破爛爛、飢餓的孩子？這

11由於空間不足，柯札克的房間也被當成病患的隔離室。

12菲列克（Felek）指的是菲列克斯・格吉卜（Feliks Grzyb, 1917-1943?）原本是「孤兒之家」的院童，後來是「孤兒之家」的員工。

13約瑟夫・哥德施密特（Józef Goldszmit, 1844-1896），柯札克的父親，是個律師、社會運動者、作家。艾蜜莉・甘比茨卡（Emilia Gębicka, 1832-1892），柯札克的外婆，和柯札克十分親近。

些孩子在院子裡玩耍，大人告訴我，不可以跟他們玩。而在院子的栗子樹下，則埋著一個金屬的糖果盒，裡面鋪了棉花，棉花上有我死去的、最親近、最親愛的好友——金絲雀。牠的死引發了一個神祕的，關於信仰的問題。

我想要在牠的墓上放十字架。女僕說不可以，因爲牠是鳥，地位比人低很多，甚至爲牠哭泣都是一種罪。

女僕是這麼說的。但是比那更糟的是門房的兒子說的話，他說，金絲雀是猶太人。

我也是。

我也是猶太人，而他是波蘭的天主教徒。他會上天堂，而我呢，如果我不說髒話，而且會從家裡偷糖給他，我就可以在死後去一個地方——那裡雖然不是地獄，但很黑，而我害怕黑漆漆的房間。

死亡——猶太人——地獄。黑色的，猶太人的天堂。我得好好想一想。

我躺在床上，床在房間中央。我的室友包括：小孟諾許（我們有四個孟諾許）、艾伯特、葉奇克。費露妮雅、格妮雅和漢涅奇卡則睡在另一側的牆邊。

男孩寢室的門是開的，裡面睡著六十個男孩。而在東側的房間，則睡著六十個女孩，都在做著寧靜的夢。

其他的孩子都在樓上。現在是五月，雖然天氣還很涼，但是比較年長的男孩們可以勉強睡在那裡。

夜晚。我有關於夜晚和關於睡著的孩子的筆記。我總共寫了三十四本這樣的筆記，這就是爲什麼長久以來，我都遲遲無法決定要動手寫回憶錄。

我打算寫：

1. 一本厚厚的書，關於孤兒院的夜晚和孩子們的夢。
2. 一本上下兩冊的小說，關於巴勒斯坦的故事。一對猶太先鋒隊[14]成員的新婚之夜，在基利波山腳下，所有泉水的發源地，《摩西書》曾經提到過這座山和這

14猶太先鋒隊（HeHalutz）是一個猶太青年組織，目的在訓練年輕人在英屬巴勒斯坦託管地（Mandatory Palestine，約當今日以色列及巴勒斯坦領土範圍）屯墾，於第一次世界大戰期間始創於俄羅斯，戰後在波蘭也有活動。

個泉源。

（我的井很深，如果我來得及把它挖出來。）

3.

4.

5.

6. 幾年前我給孩子們寫過關於巴斯德的故事。現在該往下寫其他故事了：裴斯泰洛齊、達文西、克魯泡特金、畢蘇斯基，還有其他幾十個重要人物，比如說法布爾、穆爾塔圖里、拉斯金、孟德爾、瑙科夫斯基、什切潘諾夫斯基、迪嘉辛斯基、大衛。[15]

你們不知道瑙科夫斯基是誰嗎？

世界上很多人都不認識這些偉大的波蘭人啊。

7. 許多年前我寫過麥提國王的故事。[16]

現在我想寫另一個孩子王的故事：大衛王二世。

8. 我手上有五百筆關於孩子身高體重的資料，我怎麼能不寫一本書，談談人類那美麗、堅定又愉快的成長？[17]

〔——〕[18] 在下一個五千年，在遙遠的未來會有社會主義，現在是無政府主義。在最美麗的奧林匹克，會有詩人和音樂家的戰爭——最美麗的禱告的戰爭——爲了選出一首獻給神的、全世界會用一年的國歌。

我忘了說，現在我們也有一場戰爭。

10. 自傳。

是的，關於自己，關於渺小又重要的我。

---

15 路易・巴斯德（Louis Pasteur, 1822-1895），法國微生物學家，被稱為微生物學之父。約翰・亨里希・裴斯泰洛齊（Johann Heinrich Pestalozzi, 1746-1827），瑞士教育家，投身平民教育。彼得・克魯泡特金（Peter Kropotkin, 1842-1921），俄國作家，無政府共產主義的創始人。約瑟夫・畢蘇斯基（Józef Piłsudski, 1867-1935），波蘭政治家，在一九一八年成功讓波蘭復國，結束一百二十三年的亡國時期。尚—亨利・法布爾（Jean-Henri Fabre, 1823-1915），法國昆蟲學家，著有《昆蟲記》。穆爾塔圖里（Multatuli）本名愛德華・道維斯・戴克爾（Eduard Douwes Dekker, 1820-1887），曾在荷屬殖民地政府擔任公職，根據親身經歷寫成了批評荷蘭殖民政府的小說《馬格斯・哈弗拉爾》（*Max Havelaar*）。約翰・拉斯金（John Ruskin, 1819-1900），英國藝術評論家、思想家。瓦茨瓦夫・瑙科夫斯基（Wacław Nałkowski, 1851-1911），波蘭地理學家、教育家、社會運動者。史坦尼斯瓦夫・什切潘諾夫斯基（Stanisław Szczepanowski, 1846-1900），波蘭經濟學家。阿道夫・迪嘉辛斯基（Adolf Dygasiński, 1839-1902），波蘭小說家、教育家。揚・瓦迪斯瓦夫・大衛（Jan Władysław Dawid, 1859-1914），波蘭心理學家、實驗教育先驅。

16 譯註：這裡指的是《麥提國王執政記》和《麥提國王在無人島》，臺灣現有心靈工坊出版之中譯本。

17 柯札克每週都會給「孤兒之家」的院童量身高體重，並且有系統地記錄，但這份文件沒有在二戰後留存下來。

18 譯註：少了第九項，漏的字應該是9。

曾經有人惡毒地寫道：「世界是懸在太空中的一滴泥淖，而人類是闖出一番事業的動物。」

或許是如此。但是我要加一句：這一滴泥淖會受苦，它知道如何去愛，會哭泣，也充滿了渴望。

而人類的事業，如果你（有良心地）衡量它，那它是值得存疑的，非常值得存疑的。

六點半。

有人在臥室大吼：「男孩們，起床，洗澡了！」

我放下筆。要起床還是不要起床？我很久沒洗澡了。昨天我在自己身上抓到一隻蝨子，然後想都不想，就靈巧地用指甲掐死了牠。

如果我有時間，我會寫一篇爲蝨子辯護的文章。因爲我們對待這美麗動物的方式，實在是很不公平、很沒道德。

一個苦悶的俄國農民曾經這麼說：「蝨子不是人，牠不會把人的血吸光。」

我曾經寫過一個關於麻雀的小故事，二十年來，我餵食麻雀。我在那個故事中，試圖爲這些小小偷平反，但是誰又會看見蝨子被迫害的事實呢？

如果我不看，那會有誰？

誰會挺身而出，誰有勇氣挺身而出，去爲蝨子辯護？

「因爲您冷酷地把照顧孤兒的責任丟給社會，然後當您的嘗試失敗，您又在盛怒中無恥地侮辱、咒罵、威脅我，爲此，請您在五日內捐五百波蘭幣給『孤兒援助協會』。[19]

「考量到您低下的環境和您的家庭，罰金沒有很高。我預計您會滿口謊言地爲自己辯護，說您不知道是誰來訪，雖然您最小的女兒來應門時，已經看到我給警察[20]看的證件。她在道別時對我大叫：『畜生！』我沒要求逮捕她，因爲她還年輕，而且她

19「孤兒援助協會」（Towarzystwo „Pomoc dla Sierot”）成立於一九〇八年，柯札克的「孤兒之家」就是這個協會成立的。猶太人被集中至猶太隔離區後，孤兒援助協會在猶太區繼續運作，雖然能做的事比起以前少很多。

也沒戴臂章。

「最後我要補充，這是我和瓦利茨瓦街十四號這個高雅的罪犯巢窟第二次起爭執。上一次是在華沙圍城[21]的時候，我請他們讓我把一個被開膛的垂死士兵帶進門裡，好讓他別像條狗般死在路上，他們卻卑鄙地拒絕幫助我。」

這是我那時聽到的評語。

那家的女主人們把我丟出來時，對我大吼：「滾開！你這個老混蛋，你去死一死好了！」而這些人正是史蒂芬妮・桑波沃絲卡[22]的「好朋友」。

我想要多花點篇幅來談這個問題，因爲它不只是個別事件。桑波沃絲卡是個捍衛猶太人的狂熱分子，她反對那些和她一樣狂熱的敵人誹謗猶太人，或對猶太人做出合理的抱怨。

瓦利茨瓦街的三個猶太女人，她們憑藉著花言巧語（甚至還受了洗），無恥地用蠻力擠進波蘭人的圈子，擠進那些家庭，然後在那裡成了猶太人的代表。

我多次徒勞無功地和桑波沃絲卡這個狂熱分子解釋：「史蒂芬妮小姐，這些猶太敗類不應該、也不能和有靈性、有道德的波蘭菁英有任何合作或瓜葛。」

三十年來，我們的友誼因此充滿爭執，而我們也漸行漸遠。

沃伊切霍夫斯基—畢蘇斯基、挪威德—米茲凱維奇、柯斯丘什科—扎揚切克，誰知道，也許還有烏卡謝維奇[23]——哈，克瑞翁和安蒂岡妮[24]——他們不就是因爲很相

20猶太區警察（Żydowska Służba Porządkowa）成立於一九四〇年，是由猶太區的猶太人自治機構，也就是猶太人委員會（Rada Żydowska）遵循納粹指令選出的輔警，這些警察沒有制服，也沒有火器，主要的工作是押運猶太人前往集中營。

21譯註：華沙圍城戰，一九三九年九月，德軍入侵波蘭引發的戰事，除了士兵傷亡以外也有一萬八千名平民喪生，詳見導讀註釋 7。

22史蒂芬妮・桑波沃絲卡（Stefania Sempołowska, 1870-1944），社會／政治運動者，是柯札克長年的合作夥伴。

23史坦尼斯瓦夫・沃伊切霍夫斯基（Stanisław Wojciechowski, 1869-1953），波蘭政治家，曾任波蘭總統，支持國會政府，但畢蘇斯基（見註釋15）偏好較為威權的體制，兩人不合，後來畢蘇斯基發動五月政變，將沃伊切霍夫斯基推翻。賽普勒斯・卡明・挪威德（Cyprian Kamil Norwid, 1821-1883）和亞當・米茲凱維奇（Adam Mickiewicz, 1798-1855）都是波蘭浪漫主義詩人，但兩人對浪漫主義的理解不同。塔德烏什・柯斯丘什科（Tadeusz Kościuszko, 1746-1817），波蘭將軍，曾領導反抗俄羅斯帝國和普魯士王國的柯斯丘什科起義，後來失敗。約瑟夫・扎揚切克（Józef Zajączek, 1752-1826）也是波蘭將軍，曾參加柯斯丘什科起義，雖然並肩作戰，兩人對起義和政治卻有不同的想法。此處的烏卡謝維奇（Łukasiewicz）其實是筆誤，正確的人名是華樂利安・烏卡辛斯基（Walerian Łukasiński, 1786-1868），他是扎揚切克的下屬。

近，所以才那麼疏遠嗎？

更早以前有瑙科夫斯基和路德維克．史特拉謝維奇，[25]他們表面上看起來是敵人，但其實對彼此充滿孺慕之情。

兩個混蛋可以爲了共同的背叛、犯罪和詐騙而輕易地達成協議，然而兩個抱有同樣的愛，卻對這愛有不同理解的人（因爲他們的經驗不同），卻不可能合作無間。

我對那些販賣概念和話語的猶太人，感到厭憎及噁心。然而，我也看過許多高尙的猶太人逃到壕溝外躲起來，對自己的朋友避不見面。[26]

我怎麼能不提親愛的國家民主運動[27]成員「沃伊特克」，他對著一杯黑咖啡絕望地對我說：「告訴我，該怎麼做？猶太人在爲我們掘墳墓。」

而哥德列夫斯基[28]說：「我們很弱。我們爲了像一杯伏特加這種小惠，成了猶太人的俘虜。」

莫許琴絲卡[29]則說：「你們的優點對我們來說是死亡的判決。」

札拉茲那和霍德納街的轉角。熟肉鋪。一個橫躺在椅子上、渾身肥油的猶太女人正在試拖鞋。一個鞋匠跪在她面前，他的臉看起來很神聖，一頭銀髮，眼中有著智慧和善良，聲音穩重低沉，但他的表情卻充滿了放棄的絕望。

「我之前就提醒過您，這雙拖鞋……」

「而我現在也提醒您，您可以把這雙鞋留給您的太太穿。既然您是鞋匠，您就應該知道，我的腳長什麼樣。」

她把那隻肥腳在鞋匠眼前晃來晃去，幾乎就要碰到他的臉了。

---

24 譯註：克瑞翁（Creon）和安蒂岡妮（Antigone）都是希臘神話／悲劇作品中的人物，安蒂岡妮是伊底帕斯王（Oedipus）的女兒，也是克瑞翁的外甥女，並與克瑞翁的兒子有婚約。安蒂岡妮的兄長波呂尼刻斯（Polynices）曾為統治權攻打底比斯城，與手足自相殘殺，繼任底比斯王的克瑞翁曾下令不准埋葬波呂尼刻斯，但安蒂岡妮抗命埋葬了他，因而被克瑞翁判死刑。

25 路德維克·史特拉謝維奇（Ludwik Straszewicz, 1857-1913），波蘭地理學家、社會運動者。關於瑙科夫斯基的介紹，請見註釋15。

26 譯註：根據前後文推測，這邊的朋友指的應該是波蘭人，在接續的段落中，我們也可以看到當時波蘭人的反猶心態。

27 譯註：國家民主運動（Narodowa Demokracja）是一個成立於十九世紀末的波蘭愛國運動，目的在於反抗瓜分波蘭的俄羅斯帝國、普魯士王國和奧匈帝國，波蘭復國後，這個運動越來越有右翼色彩。

28 應該是指史蒂芬·哥德列夫斯基（Stefan Godlewski, 1853-1929），律師，保守派政治人物，作家。

29 伊莎貝拉·莫許琴絲卡—哲珮茨卡（Izabela Moszczeńska-Rzepecka, 1864-1941），波蘭社會運動者、作家、譯者，柯札克曾經在年輕時擔任她家的家庭醫生。

「您瞎了嗎？您沒看到，皮膚都皺了嗎？」

這是我所見證過最糟的場景之一，還不是唯一。

「我們的人也沒有比較好。」

「我知道。」

所以該怎麼做？

花錢買收音機的人就有收音機。車子、劇院首演的門票、旅遊、書、畫的情況也是一樣。

也許讓我來說說我在雅典遇到的一群波蘭遊客，他們就在萬神殿前拍照。他們嘰嘰喳喳，衣衫不整，每隻幼犬都在追著自己的尾巴跑，想要抓住它。

我爲什麼要在這裡寫這個？

沒錯。撒旦是存在的。眞的存在。但是在撒旦之中，也有比較可惡的，和沒那麼可惡的。

小雅努什和小伊兒卡用沙子堆花園和房子，還做了花和柵欄。他們輪流用火柴盒裝水，討論要怎麼蓋，然後又蓋了另一個房子。他們討論，然後蓋了煙囪。他們討論：然後蓋了水井。他們討論：然後蓋了狗屋。

吃飯的鈴聲響了，走去飯廳的路上，他們兩次折返，爲了改善一些細節，爲了看看他們的成果。

而穆謝克從遠處觀察。然後他踢翻他們的沙堡，還用腳踩，又用長棍子亂搗了很久。

當他們吃完飯回來，伊兒卡說：「我知道，是穆謝克。」

他在巴黎出生，然後被帶回祖國。三年來，他持續荼毒這個有三十名孤兒的幼稚園。

我在投稿《特殊教育》[30]的一篇文章中寫過他，我寫道，有必要成立一個罪犯的矯正營，我甚至提到了死刑。可是他還小啊！所以他會這樣繼續攻擊別人整整五十年。

30柯札克筆誤，這本季刊正確的刊名叫作《特殊學校》（*Szkoła Specjalna*），主編是教育學家／心理學家瑪麗亞．葛哲哥哲芙絲卡（Maria Grzegorzewska, 1888-1967）。該篇文章的篇名是〈幼稚園年紀的犯罪兒童〉（Dzieci wstępne w wieku przedszkolnym）。

可愛的瑪麗亞小姐帶著尷尬的笑容說：「您在開玩笑吧？」

「一點也不。他會帶給人們多少傷害，多少痛苦，多少眼淚……」

「所以您不相信他會變好。」

「我不是阿德勒。」[31] 我冷冷地說。

和葛哲哥哲芙絲卡醫生沒辦法生氣太久。我做出了妥協：我把死刑刪掉，只寫了矯正營的事（光要刊上這個就很困難）。

難道那些誠實、在社會上層的人，他們就只有被釘在各各他的十字架上的命運？

我爲什麼寫這個？

顯然，是因爲夜深了。午夜十二點半了。

我今天工作得很辛苦。

我和兩位男士開會，他們是掌管社會福利的魔法師。然後我去了兩個家庭視訪，一個家庭剛好就是那個和我起爭執的家庭。然後，我和委員會開會。

明天我要去捷爾納街三十九號。[32]

我說：「（律師）先生，如果我們每天可以進步一公釐，那就會讓我們想要付出更多。如果每天退步一公釐，就會有災難和巨變。而我們現在呢，則是在原地踏步。」

注意，我現在所說的可能會有用處。

有四種馴化不受歡迎的外來者的方式。

1. 收買。讓他進入小圈圈，然後欺騙他。

2. 同意一切，然後趁他不注意時，做自己想做的事。我是一個人，他們是一群人。我一天最多花三小時想他們的事，而他們則花一整天想要怎麼對付我。當我寫到睡夢中的思考時，我會解釋這一點。再說，這件事也廣爲人知。

3. 等待，等待，埋伏，然後在適當的時機污衊他。

4. 你們看，他就是這樣管理的。我們可以說謊。（他們想要把經費交給我管。）讓他疲累。他要不就自己離開，要不就會放棄觀察。不然要怎樣？

31 阿爾弗雷德．阿德勒（Alfred Adler, 1870-1937），奧地利心理治療師，是個體心理學的先驅。

32 這邊指的是位於捷爾納街（ul. Dzielna）三十九號的主要收容之家，柯札克於一九四二年二月在那裡工作過，在後來的日記中，柯札克會不斷提到它。

墨水用完了。

每當我回顧昔日的回憶和過往的事件，我都感覺到：我老了。

我想要年輕，所以我訂定未來的計畫。

我在戰後要做什麼？

也許他們會提名我，要我在全世界或波蘭建立新的秩序？這機會很渺茫，而且我也不想那樣做。那樣的話，我得辦公，我就成了工作的囚徒了，必須和他人溝通，我得有辦公桌、扶手椅和電話。爲了眼前的日常瑣事浪費時間，還要對抗有著小小野心的人、他們有影響力的朋友、階級和目標。

簡單說，我會成爲一匹磨坊中的馬。

我寧可自己動手。

罹患斑疹傷寒時，[33]我看到以下的景象：

一個大劇院或音樂廳，一群穿著體面的群眾。

我告訴他們關於戰爭、飢餓、孤兒和悲慘的事。

我用波蘭語演說，翻譯簡短地把我的話翻成英文（這事是在美國發生的）。突然我說不出話來了。寂靜。從遠處傳來叫聲。蕾金娜向我跑來，她在講臺前停下，把手錶丟在舞臺上說：「我要把一切都給您。」然後嘩啦啦地下了一場鈔票雨，還有金銀珠寶。人們把戒指、手環、項鍊都丟給我……「孤兒之家」的男孩們都跑到臺上：蓋伯拉兄弟、法爾卡、馬力歐．庫拉夫斯基、格魯茲曼、希瓦曲——然後他們把所有的東西都裝進床墊。人們開始大叫、鼓掌，感動的群眾也流下了淚水。[34]

我不是很相信預言，雖然我二十年來，都在等待這幅景象成真。

當我說到灰暗的華沙，說到克羅赫曼那街那棟白房子[35]中的孩子，說到他們奇怪

33 柯札克在一九一九年到一九二一年被徵召去參加蘇波戰爭，在照顧病患時得到了斑疹傷寒。

34 蕾金娜．沙韋森（Regina Szawelson）是「孤兒之家」最早的院童之一，後來她移民到美國，和「孤兒之家」還有保持聯絡。蓋伯拉（Gelblat）兄弟、法爾卡（Fałka）、馬力歐．庫拉夫斯基（Mario Kulawski）、格魯茲曼（Gluzman）、希瓦曲（Szejwacz）也都曾經是「孤兒之家」的院童。

35 譯註：柯札克的「孤兒之家」本位於克羅赫曼那街（ul. Krochmalna）九十二號，後來才被迫搬遷到猶太隔離區的霍德納街（ul. Chłodna），再遷往西利斯卡街（ul. Śliska）與謝爾納街（ul. Sienna）間。柯札克不喜歡「孤兒院」這個名詞，「孤兒之家」對他來說雖不滿意但可接受，他想到「孤兒之家」時，會把它稱為「灰色華沙中的白房子」或「兒童之家」。更多資訊請見安娜．切爾雯絲卡—李德爾（Anna Czerwińska-Rydel）所著的《窗戶的彼端：柯札克的故事》（*Po drugiej stronie okna. Opowieść Janusza Korczaku*，Muchomor 出版社，二〇一二年出版）。

的命運時，我會再提到蕾金娜。

所以，我會有一筆用不完的錢，我會公開招標，讓人在黎巴嫩的山上，在靠近卡法・吉拉迪[36]的地方，蓋一所很大的孤兒院。

那裡會有像軍營一樣大的食堂和寢室，也會有小間的「隱士的房子」。我呢，則會在平平的屋頂天臺上有一間小房間，有透明的牆，這樣我就不會錯過任何一次日出和日落，深夜我在寫作的時候，也可以三不五時仰望星空。

年輕的巴勒斯坦正以緩慢、腳踏實地的方式在和大地達成協議。接下來就要輪到天堂了。不然，會有誤會和錯誤。

爲什麼不是比羅比詹、烏干達、加州、阿比西尼亞[37]、西藏、馬達加斯加、印度、俄羅斯南部或波萊謝？甚至連英國那樣親切、清醒的世界都不知道，要把這一小撮猶太人放到哪裡去。[38]

每年，我都會回到故鄉城市拜訪朋友，一去幾個星期，討論重要、永恆的問題……

爲了不讓自己的夢想單調、重複，我每次都會做出一些改變。

我最擔心的是「隱士小屋」的建造。那些值得擁有孤獨，那些透過孤獨來獲得快樂的人，他們必須閱讀孤獨，並且把孤獨翻譯成常人可理解的語言——orbi et urbi[39]——應該，應該要擁有。但是他們要擁有什麼？這就是問題所在。

莫謝克又放太少電土了，燈要熄了。[40]在此打住。

凌晨五點。

好心的艾伯特把窗簾拉開了。因為所有的窗戶都用黑紙做的窗簾遮住了，這樣室內的光線才不會妨礙軍隊用光

36 卡法．吉拉迪（Kfar Giladi），位於以色列北部上加利利的「基布茲」（Kibbutz，也就是集體農莊）。柯札克曾拜訪當地。當時卡法．吉拉迪屬巴勒斯坦託管地範圍。

37 編註：阿比西尼亞（Abyssinia）為其他國家對衣索比亞的舊稱。

38 以上提及的某些地方如比羅比詹、烏干達、馬達加斯加，是猶太人被送去或是計畫被送去居住的地方。

39 拉丁文，意思是：致全城及全球。

40 譯註：柯札克當時使用電土燈（電石燈），用電土（電石）加水，產生乙炔，然後用乙炔燃燒產生的光來照明。

線的密碼交談。但是他們也說，這樣才不會給敵軍的飛機指路，彷彿世上沒有其他工具和路標。無論如何，人們相信了。

天慢慢光了。

人們很天真、很善良。或許他們不快樂。他們不太知道快樂是什麼，每個人對快樂的理解都不同。

一個人的快樂是好吃的馬鈴薯豆子燉肉，或是香腸配酸白菜。另一個人的快樂是：平靜、舒適、方便。第三個人：女孩，很多、各種不同的女孩。第四個人：音樂、打牌或是旅行。

每個人避免無聊和渴慕的方式都不同。

無聊——是靈魂的飢餓。

渴慕——是渴望，渴望水和飛行，渴望自由和另一個人，一個你可以和他告解的人，一個可以讓你放下罪惡感，給你建議的人——建議，告白，一雙可以聆聽我的控訴的耳朵。

靈魂在擁擠的肉體牢籠裡感到渴望。人們覺得、認為死亡是生命的終結，但死亡只是生命的延續，是另一種生命。

即使你不相信靈魂，你也得承認，你的肉體會繼續以青草、雲朵的形式存在。畢竟，你是水，也是灰。

「世界是惡的蛻變，永恆的蛻變。」泰德梅耶[41]說。

連這個無神論者、悲觀主義者、嘲諷家、虛無主義者也在談論永恆。

正如梅特林克[42]所說，單細胞的阿米巴永生不死，而人是六十兆細胞的殖民地。梅特林克有機會諮詢權威，而我卻努力十幾年徒勞無功地想要知道，人體細胞數量是二十億的幾倍。

我朋友帕斯科維奇教授[43]說，那是個天文數字。最後，我在《白蟻的生命》中找

---

41 卡齊米日·泰德梅耶（Kazimierz Tetmajer, 1865-1940），波蘭詩人、小說家。

42 莫里斯·梅特林克（Maurice Maeterlinck, 1862-1949），比利時詩人、作家，著有《青鳥》、《群盲》、《白蟻的生命》，但《白蟻的生命》被認為是抄襲南非詩人兼科學家尤金·馬芮（Eugène Marais）所寫的《白蟻的靈魂》。

43 路德維克·史坦尼斯瓦夫·帕斯科維奇（Ludwik Stanisław Paszkiewicz, 1878-1967），病理解剖學家，柯札克學生時代的朋友。

到答案。

世界上有二十億人口，而我是一個由幾百萬乘以不知多少的細胞組成的小社會，我有權利和義務照顧好自己身上那幾十億細胞，我對它們有責任。

告訴社會大眾這種事或許是危險的，雖然每個人都感覺得到，即使他們不知道。再說，我的小宇宙及其繁榮與否，難道不是取決於整個世代的繁榮與否嗎？從澳洲小島的食人族到書房裡的詩人，到拿著望遠鏡觀看雪山山頂和極地平原的人。

如果小甘卡晚上咳嗽，我會從利他主義的角度同情她，但我也會從利己主義的角度擔憂這夜晚的干擾。我擔心她的病情，同時想著這病會不會傳染，想著買食物要錢，送她去鄉下養病也要錢，也很勞心勞力。

我想睡了。在我腦中的蜂巢開始嗡嗡作響之前，[44]我先打一個小時的盹。

我敢肯定，在未來那個更加理性的社會，鐘錶的獨裁會結束。我愛什麼時候吃和睡，就什麼時候吃和睡。

幸好，醫生和警察無法規範，我一分鐘可以呼吸多少次，心臟又有權利跳幾下。

我不喜歡在晚上睡覺，因爲之後我白天就睡不著。在夜晚，麵包和水嚐起來比白天更美味。

叫小孩上床連續睡十個小時，眞是愚蠢的一件事。

未來的人類會驚訝地發現，我們用割下來的花當裝飾品，我們把畫掛在牆上，拿動物的皮當地毯。

「這種行爲是剝花的皮，剝最好的、年幼兄弟的皮啊。」

然後，那太過繽紛的地毯，過了一陣子就沒人看了，上面積滿了灰，而地毯下則成了蟲子的巢穴。

「一千年前的原始人眞是渺小、可憐、野蠻啊。」

這些未來人會滿懷同情地看待我們原始的學習方式。

「他們的談話死氣沉沉，而他們對交談一無所知。」

當我和「尋常人家」的孩子接觸時，我多次發掘到他們的天分。

44 譯註：柯札克會把腦袋形容為蜂窩，把思緒比喻成蜜蜂；在《麥提國王在無人島》（心靈工坊）中，也可以看到這樣的比喻。

有一次在索利茨，在一個做粗工的人家裡，我看到了一個男孩的畫。他的畫有模有樣，馬是馬，樹是樹，軍艦是軍艦。

我帶了一大捆我覺得最棒的畫給一位有名的畫家看。

他看了看，然後嫌惡地說：「這些畫一點價值都沒有。他是依樣畫葫蘆。這幅還算可以。」

他說了一句很奇怪的話：「每個人都應該會用鉛筆畫下他想要留存在記憶裡的東西。如果有誰不會，他就是文盲。」

我多次想起這令人無法反駁的眞相。

這是一個場景，這是一張臉，這是樹，它馬上就要永久消失在我眼前了。眞令人難過，眞可惜。

觀光客有辦法解決這個問題，他們有照相機，現在甚至有電影膠卷了。一整個世代的孩子和青少年長大後，可以回過頭看自己第一次蹣跚笨拙走路的樣子。

甦醒中的寢室是令人難忘的一幕。有人的眼神和舉手投足還很沉重遲緩，有人已經一骨碌跳下床。這個在揉眼睛，那個用袖子擦嘴角，另一個抓耳朵，還有人伸懶腰、拿著一件衣服、停下來久久沉思。

充滿活力、慵懶、靈巧、笨拙、有自信、膽怯、精準、隨便、有意識或是反射性的動作。

這是測試：你馬上就可以看出，這孩子是什麼樣的人，還有爲什麼他總是這樣，或是爲什麼今天剛好如此。

老師對著眼前電影般的畫面解釋：「請仔細瞧（他用一根棍子指著，彷彿指著地圖）。右邊那兩個孩子不情願的眼神告訴我們，他們不喜歡彼此，我們不應該把他們的床位安排在一起。」

另一個孩子的眼睛一直瞇著，毫無疑問，這表示他有近視。

不要以爲那個小小孩很堅強：你看見他的努力，他緊張的動作、變換的節奏，他看起來很穩定地在趕時間，但卻一次又一次地停下來。我們可以打賭，他等下一定會和左邊那個他一直在看的孩子互相追逐。

還有那個孩子，他今天會過得很糟。他身上有什麼不對勁。他會在盥洗、鋪床時，或是等一下，要不就是一個小時後，和某人吵架、打架、沒禮貌地回答老師的問題。

孩子們開始玩躲避球時，我們兩個就站在窗前。

這是神聖的、有騎士精神的遊戲。

我的老師是一個十歲的專家。

「這個馬上就會被打出場，因爲他累了。另一個直到遊戲進行到一半，才會開始認眞。那個會被人趕出去。另一個傢伙，彷彿背後有長眼睛，他明明看著右邊，卻往左邊丟球。還有那個，他會故意投降，因爲他想要打那邊那兩個。這個會生氣不想玩，和人吵架，哇哇大哭。」

如果預言沒有實現，專家會知道爲什麼，並且會解釋原因。因爲他沒有把這些事情納入考量和計算：

「他這樣玩，因爲他昨天打破了玻璃，所以現在他害怕。另一個被陽光刺到了眼睛。這個不習慣這顆球，它對他來說太硬了。那個腳痛。還有那個丟得很棒，要感謝他的好朋友，他的好朋友總是會幫他的忙。」

他解讀眼前的遊戲，就像讀樂譜，他評論遊戲中的動作，彷彿在觀棋。

如果我對孩子們有些許了解，那都得感謝我的老師、教授們。他們是多麼地有耐心、奉獻、友善，而我是多麼沒天分又笨拙的學生啊。

這沒什麼好奇怪的，我到了四十歲，這裡的人才開始踢足球，而這些孩子可是從小就抱著球爬來爬去呢。

可以寫五本厚厚的書，關於以下主題：

1. 普通的球類遊戲。
2. 足球。
3. 躲避球。
4. 球類運動的心理和哲學層面。
5. 傳記、訪談，描述有名的射門、隊伍、運動場。

還有一百公里長的電影膠卷。

如果我能預期到孩子們的反應，我就不會煩躁、生氣、暴怒，也不會沒耐心。

今天班上的氛圍會騷動不安，因爲是愚人節，因爲很熱，因爲三天後就要去郊遊了，因爲一個星期後就要放假了，因爲我頭痛。

我記得，一個已經有多年工作經驗的女保育老師，會因爲男孩子們的頭髮長得太快而生氣。我還記得一個寄宿在這裡的年輕女孩，[45]當她檢討她哄女孩們睡覺的值日工作不順利，她說：「女孩們今天令人無法忍受。九點還有人在聊天，十點還有人在講悄悄話和偷笑。這一切都是因爲，經理今天痛罵了我一頓，因爲我很生氣，因爲我趕時間，我明天有課，因爲我的褲襪不見了，因爲我家裡寄來了一封不好的信。」

有人會問：「如果孩子們知道我們在拍他們，這樣拍出來的影片有價值嗎？」

解決的方法很簡單。

就讓攝影機一直擺著。攝影師會在不同的時間，用不同的角度拍攝，但是裡面不放底片。我們會答應孩子，影片完成後會放給他們看，但是總會有一些東西拍得不成功。我們會拍很多次，拍煩人、討人厭、不受歡迎的孩子，拍無聊的場景。我們連一次都不會叫孩子要「保持自然」，也不會叫他們看這裡，而不是看那裡，我們更不會叫孩子「做自己的事」。把大燈打開又關上會中斷孩子們的遊戲，然後又要累人地重新排練一次。

當新鮮感過去，孩子們會對攝影機的存在感到不耐煩，之後就不會再注意到它，這可能要花上一週或一個月的時間。我寫這些根本沒必要，拍攝團隊一定會這麼做的，因爲沒有別的辦法。

如果有個老師不知道這件事，他就是個文盲，如果他不了解，那他就是個蠢蛋。

在未來，每個老師都會是速記員和電影攝影師。

還有留聲機和收音機呢？

還有著名的巴夫洛夫實驗？[46]

而那個嫁接的園丁，或是培育植物的人——也許他會得到無刺的玫瑰，甚至能讓柳樹上長出梨子的果實？

45從一九二三年起，「孤兒之家」提供寄宿服務（bursa），一開始是給曾經住在「孤兒之家」、後來長大離開的人，後來也給一些其他的人。「孤兒之家」不只提供這些人吃住，也讓他們有機會繼續念書和實習。在柯札克和維琴絲卡的指導下，他們每天會在「孤兒之家」工作幾個小時，每週也會開教師會議。在猶太隔離區，寄宿服務也持續進行。

46伊凡・巴夫洛夫（Ivan Pavlov, 1849-1936）是俄國心理學家，他曾對狗做過制約反應的實驗。

我們已經有了人的輪廓——也許連攝影也是？也許我們所欠缺的已不多？我們只需要有天分、又有良心的人給它修圖。

有些人害怕在白天打盹，因爲晚上會睡不著。我則相反，我不喜歡在晚上睡，我寧可在白天睡。

五月十五日，凌晨六點。女孩們已經只剩一半了。[47]

事情大概是這樣的。人們說：「海茜，妳是個不安分的人。」

海茜說：「我是個人？」

「對啊，妳又不是小狗。」

海茜沉思了一陣，過了好一會兒，她驚訝地說：「我是人，我是海茜，我是個女孩，我是波蘭人，我是媽媽的女兒，我是華沙人……我是好多好多啊。」

另一次海茜又說：「我有媽媽、爸爸、奶奶，我有兩個奶奶、爺爺、連衣裙、手、娃娃、桌子、金絲雀、大衣。您也是我的嗎？」

有一次，一個民族主義者對我說：「一個忠貞愛國的猶太人，頂多可算是個好華沙人或是好克拉科夫人，但絕對不會是波蘭人。」

他說的話很讓我驚訝。

我老實地承認，確實，我對利沃夫、波茲南、格丁尼亞、奧古斯特湖、扎列希基、扎奧爾傑沒什麼感覺，我沒去過札科帕內（那裡眞可怕），波萊謝、海邊和比亞沃維耶扎原始森林無法引起我的熱情。克拉科夫那邊的維斯瓦河對我而言很陌生，我不了解也不想了解格涅茲諾。但是我深愛流經華沙的維斯瓦河，一旦離開了華沙，我就會感到強烈的思念。[48]

華沙是我的，我也是它的。甚至，我會說：我就是華沙。

我和華沙同喜同憂，華沙的天氣是我的天氣，它的雨水和泥濘也是我的雨水和泥濘。我和華沙一同成長。最近，我們越來越疏遠了。冒出了許多新的、我已無法明白

47 這句話的意思不是很清楚，或許是指人數，或許是指體重，或許這句話沒有寫完。

48 譯註：柯札克在這邊提了很多當時波蘭各地美麗、引人入勝、波蘭人喜愛的觀光景點，重點在表達他對這些美好的地方沒興趣，只有華沙才會讓他感動，維斯瓦河（Wisła）是波蘭最長的河流，發源自波蘭南部喀爾巴阡山脈，流經克拉科夫、華沙等地，最後注入波羅的海。

的街道和區域。有許多年，我在佐利波居區感覺就像個外國人，甚至連盧布林或我從沒去過的赫魯別舒夫，[49]都比它來得熟悉。

華沙是我工作的地方，是我停泊的地方，也是我死後安息的所在。

「孤兒之家」的木偶戲表演時，[50]我想起有一次我在莫多瓦街看到的耶穌誕生劇，還有另一次在費里達街上看到的。[51]

事情是這樣的。

從聖誕節開始，在這段時間沒工作的泥瓦匠會受邀到有錢人家裡去演戲。他們帶著一口皮箱，皮箱中就是舞臺，他們還帶了樂器：口琴或手搖風琴。而在舞臺上有人偶：坐在王位上的希律王，以及拿著叉子的魔鬼。[52]演出在廚房進行，這樣才不會弄髒公寓。廚娘會把小東西藏起來，因爲泥瓦匠會偷東西，有一次他們偷了一套鍍銀餐具裡的兩個湯匙。表演很好看、很可怕，很發人省思。

演出結束後，一個老爺爺拿著袋子出來，請我們打賞。父親叫我把一個新的十分錢銀幣丟到袋子裡，而我把自己所有的財產換成兩分錢的錢幣，用顫抖的手丟到老爺爺的袋子裡。

老爺爺看了看袋子，搖了搖他長長的銀鬍子說：「太少了，太少了，孩子，再多給一點。」

另一次的耶穌誕生劇我是和父親去看的。

孤兒院的長大廳，布幕，神祕、擁擠、充滿期待。

我看見一個穿著藍色大衣、戴著白色帽子的神祕人物，她身上還戴著僵硬的翅膀。

我很害怕，淚眼汪汪。

49 赫魯別舒夫（Hrubieszów），位於波蘭東南部的城市，柯札克的家族來自那裡。

50 「孤兒之家」會舉辦公開的表演給孩子看，比如木偶戲。

51 莫多瓦街（ul. Miodowa）是柯札克小時候居住的街道，這場演出是在他們家進行。而費里達街（ul. Freta）的演出應該是在道明修道院（Klasztor Dominikanów）的孤兒院中。

52 譯註：在許多斯拉夫國家，在聖誕節期間，會有表演者挨家挨戶去唱聖歌、進行小型表演，有時候表演在門口進行，有時候表演者會進入家中，表演的主題多半和聖誕節有關。這邊提到的是希律王和惡魔的戲碼，劇中，下令殺死嬰兒的希律王終於要面臨自己的死亡，惡魔和死神出現，死神奪走他的靈魂，惡魔奪走他的肉體。

「不要走，爸爸。」

「別怕。」

那位神祕的女士把我帶到了第一排。

如果孩子不想要，那就請你們不要這麼做。我寧可坐在側邊，即使會被擋到，即使那邊的位子是最擠、最差的。

我無助地說：「爸爸。」

「坐好，你這笨蛋。」

來的路上，我問爸爸會不會有希律王和惡魔。

「你等下就知道了。」

大人的冷漠眞是令人絕望。如果孩子不想要，你們就不應該給他們驚喜。孩子們應該預先做好心理準備，應該提前知道，舞臺上會不會有人開槍，是不是一定會、什麼時候會、還有會怎麼開槍。孩子們必須準備好，才能開始一趟遙遠、危險的長途冒險。

大人們只在乎一件事：「去尿尿，因爲裡面不能尿。」

我現在沒時間尿，而且我現在不需要尿尿，我沒辦法事先尿好。

我知道，這次的耶穌誕生劇會比上一次的更重要，會好看一百倍，而且不會有拿著袋子的老爺爺。

沒有老爺爺比較好。

我說過了，那一小時很發人省思。那個老爺爺——不是只有他——但是他是最令我印象深刻的。

他不滿足。

我馬上就把父母給的銀幣輕易地丟進他的袋子，然後把我辛辛苦苦存起的銅幣丟進去。自從上過這苦澀、羞辱人的一課，很長一段時間，我都會把錢存起來。當我在街上遇到討錢的乞丐，我想著：「我不會給他，我要把錢存起來，留給那個我在耶穌誕生劇中看到的老爺爺。」而真正的乞丐因此而受苦，沒能拿到我的錢。

我的老爺爺不知道什麼是滿足，他的袋子是個無底洞。他的袋子很小，比我的錢包小五倍，但是它的袋子會吞噬、吃下、從你身上榨出所有的一切。

我給了錢，然後又給了一點。我又試了一次，也許他最後會說：夠了。

「爸爸，外婆，卡特琳娜，借我錢吧，我會還的。」我就這麼預支了一年份的零用錢。

我感到好奇。也許等老爺爺消失到幕後，依然在乞討、鼓勵我們給他錢時，我可以偷偷跑過去看一下。

但另一方面我又覺得恐懼，我難過地意識到，老爺爺拿完賞錢後，表演就結束了，就什麼都沒有了。

更糟的是：接下來上床睡覺前，就是令人討厭的洗澡儀式，也許還要喝魚油？在這樣特別的日子，大人們應該放過孩子，而不是用一堆歷史、知識、經驗所建議的繁文縟節（美其名曰「爲孩子好」）來折磨他們。孩子應該放個假。

完全的專注，完全的自由，完全的，織入灰暗生活中的童話。

莫多瓦街的老乞丐教會了我許多事（在華沙圍城之後，這條街面目全非）。他教會我：在令人厭煩的請求和無盡的、無法饜足的要求之前，你完全沒有抵抗能力。

一開始你很樂意給予，之後就沒什麼熱情地給，彷彿這是你的義務，後來帶著不安地給，然後是被動地給，只是出於習慣，而不是出於眞心。然後你不情願地給，憤怒地給，絕望地給。

而他想要你所有的一切，不只如此，他還想要你。

我在耶穌誕生劇中抓住了那個老爺爺，他是最後的連結——和生命中魔法故事的連結，也是和魔法生命奇蹟劇的連結，和多彩、節慶感動的連結。

這一切都過去了，不再歸返。消失了，被埋葬了。只有那個奇怪的（——）還有他可怕的。善良。邪惡。熱切的渴望，無能為力。大量的虛無。

也許我會談談，我在四十年後是怎麼餵麻雀。

如果孩子央求你再說一次同樣的童話，再一次、又一次都是一樣的，不要拒絕他。對許多孩子來說（也許比我們想像的多），表演就應該是不斷重複那一個，那唯一的一個戲碼。

很多時候，一個聽眾和一整個劇院的熱情觀眾沒什麼兩樣——你不會浪費時間的。

和心理學家相比，老奶媽和泥瓦匠通常是更高明的教育家。

話說回來，大人也常常叫：「安可！」

「安可！」

那個無止盡重複的故事，就像奏鳴曲、最鍾愛的十四行詩或雕像，如果沒看到它，一天會黯然失色。

在畫廊，你經常會遇到執著於某個特定展品的狂熱分子。

我所執著的展品是：維也納博物館中，巴托洛梅·埃斯特班·穆里尤的〈聖約翰〉。還有克拉科夫，提奧多·李格爾的〈匠人〉和〈藝術〉。[53]

在人終於一去不返地墮落，接受這粗製濫造的生命之前……他會抵抗……會受苦……他會為他的與眾不同感到羞愧，覺得他比其他人差。或者，他只會痛苦地感受到他是孤獨一人，在人群中格格不入。

沒有老爺爺的耶穌誕生劇。不是偶劇，而是眞人演出的戲劇。

很糟，非常糟。

難怪媽媽[54]不願意把我們交給爸爸管，她是對的。而我們（我和姊姊[55]）則興奮不已、開心無比地歡迎爸爸這個不怎麼可靠的教育家憑藉驚人本能找給我們的「娛樂」——即使那是吃力、累人、失敗、沒什麼好下場的。

雖然媽媽和外婆以最嚴厲的語氣提醒爸爸，他還是會擰我們的耳朵。

「如果孩子將來聾了，就是你的錯。」

劇院裡熱得要命。準備工作似乎永無止境，布幕後傳來的沙沙聲挑動著觀眾敏感的神經，已經到令人無法忍受的地步。煤油燈冒著煙，孩子們互相推擠。

「過去一點啦。把你的手拿開。把你的腳拿開。不要躺在我身上。」

鈴聲。永恆。鈴聲。槍林彈雨下的機師也會有同樣的感覺，他為了防禦用盡了所

---

53 巴托洛梅・埃斯特班・穆里尤（Bartolomé Esteban Murillo, 1617-1682），巴洛克時期西班牙畫家。提奧多・李格爾（Teodor Rygier, 1841-1913），波蘭雕塑家。

54 西西莉亞・哥德史密特（Cecylia Goldszmit, 1854 (?)-1920），柯札克的母親，在丈夫病重導致家道中落後，一肩挑起家庭的生計，開了一間給學生的民宿。她一直到過世，都和柯札克一起住。

55 安娜・盧（Anna Lui, 1875-1942），柯札克的姊姊，是一位英文／法文／俄文／德文譯者。盧是她丈夫約瑟夫・盧（Józef Lui, 1870-1909）的姓氏，原本她姓哥德施密特，後來冠夫姓。

有的彈藥，但是他現在還有一個最重要的任務要完成。他沒有退路，也沒有一絲想要回頭的念頭。

我覺得這兩者之間的比較還蠻恰當的。

開始了。那僅只一次、終極的、最特別的表演。

我不記得其他人物，我也不記得魔鬼是紅色的還是黑色的。應該是黑色的，牠有尾巴，頭上還有長角。牠不是木偶，而是活生生的，牠也不是孩子假扮的。

孩子假扮的？

只有大人才會相信這種幼稚的想法。

希洛王自己都說了：「撒旦。」

那樣的笑聲、那樣的跳躍、那樣眞實的尾巴，那樣的「不」，那樣的叉子，那樣的「跟我來」——我從來沒看過、聽過，甚至今天我也想像不出來——即使地獄眞的存在。

所有的一切都是眞的。

燈熄了，有人開始抽菸，有人咳嗽——這眞是一種打擾。

莫多瓦街和費里達街。在費里達街上有我以前念的許木沃小學。[56]那裡的老師也會用棍子打人，那也是眞的。但是這兩者根本不能比。

凌晨四點。我只把一扇窗戶的窗簾拉開，這樣光線才不會吵醒孩子。

蕾金卡[57]得了結節性紅斑。[58]

我今天給了她十比兩百稀釋的水楊酸，每兩個小時喝一匙。這看來不是很聰明的作法，她最後出現耳鳴，眼前看到的東西也是一片黃色。而昨天的症狀是：她吐了兩次。但是她腳上的紅斑已經變淡、變小，而且不痛了。

孩子身上任何和風濕有關的疾病，都令我害怕。

56 該校全名為奧古斯汀許木沃小學（Szkoła początkowa Augustyna Szmurły）。

57 譯註：蕾金卡（Reginka）為蕾金娜（Regina）這個名字的暱稱。不過蕾金娜是個普遍的猶太名字，此位蕾金娜並非前文提到的蕾金娜．沙韋森。

58 一種皮膚免疫疾病，特徵是會在小腿上有紅腫痛的發炎。後文提到的水楊酸有消炎、止痛、退燒的作用。

「水楊酸。」巴黎的醫師說，而且不是別人，而是于庭涅和馬凡，更奇怪的是，柏林的巴金斯基也這麼說。[59]

嘔吐沒什麼。但是吐過後，病患就不會想再找那個沒用的醫生過來，因爲他也只會說「這只是副作用」而已。

看過那次耶穌誕生劇後，我只發了兩天的燒。其實只有一天，我的體溫也許沒那麼高，但是必須表現得嚴重點，這樣至少到春天，當父親拿冰淇淋來時，媽媽才能語帶威脅地對他說「不」（喔天哪，不要）。

我不確定，我們在回家的路上是去吃了冰淇淋，還是喝了有加鳳梨汁的蘇打水。那時候還沒有人造冰，而在冬天，天然的冰毫不費力就可取得。所以我們在從熱得要命的劇院出來後，很可能爲了清涼一下去吃冰。

我記得，我遺失了圍巾。

我記得，當我躺在床上第三天，父親走近我的床。媽媽厲聲罵他：「你的手是冰的，不要靠近。」

父親乖乖地走了出去，臨走時給了我一個心領神會的眼神。

我也用一個玩笑的眼神回應了他，大概是這樣的意思：「我明白。」

我想我們都感覺到，說到底，在這個家當家作主的，還是我們男人，而不是那一群女流——媽媽、外婆、廚娘、姊姊、女僕、瑪麗亞小姐（她負責照顧孩子）。

我們是這個家的主人，我們是爲了圖個清靜而讓步。

眞有趣。在我長年的行醫生涯中（雖然我看過的病人不多），我常常被父親們叫去看診，但是他們只會找我一次。

現在是母親爲了圖個清淨而讓步。

我再說一點關於〔——〕

59 維克多・亨利・于庭涅（Victor Henri Hutinel, 1849-1933），法國小兒科醫生。安托萬・馬凡（Antoine Marfan, 1843-1942），法國小兒科醫生，馬凡氏症的發現人。阿道夫・巴金斯基（Adolf Baginsky, 1843-1918），柏林大學的兒童疾病教授。

我想給三十年後將會規畫電臺節目的人提供一些提醒，或者該說，建議：請你們規畫一小時的《聊聊天》[60]——讓爺爺（或是父親）和孫子一人講一半——主題是「昨天」，「我的昨天」。開場白總是一樣的：「我昨天幾點幾分醒來……我下了床……穿好衣服……」

這個節目的目的是教大家如何觀看、描述當下發生的事件，如何省略和強調，如何經歷、珍惜、忽視，如何要求、如何待人處事——如何活著。

爲什麼不是女人之間的對談？爲什麼不是老師和學生的對談？爲什麼不是工匠和老闆的對談、公務員和洽公民眾的對談、律師和客戶的對談？

這需要嘗試。

結語。

「波蘭語中沒有『家園』這個詞。祖國太大，太沉重了。」[61]

只是猶太人，還是也是波蘭人？也許不是祖國，而是家和花園。

農民不愛自己的國家嗎？

也好，這支鋼筆也沒水了。今天，有很多工作等著我去做。

之前的補充：

烏戈里諾——但丁。[62]他們也算得上。耶穌誕生劇……如果他們還活著，就會知道。

曾經有許多年，我把氯化汞和嗎啡藥錠藏在大抽屜裡的角落。那時候，我只有去給母親掃墓時才會帶上它們。[63]直到這次戰爭開始，我才隨身把它們裝在口袋裡。真有

60《聊聊天》（*Gadaninki*）是柯札克在波蘭電臺給孩子們的節目，從一九三四年播放到一九三六年。後來因為反猶運動，他被電臺解僱，之後在聽眾們的要求下，這個節目在一九三八年到一九三九年復出，直到二次大戰爆發。

61柯札克用的「家園」是俄文的 родина（rodina），翻成英文是 homeland。後面的「祖國」是波蘭文的 ojczyzna，翻成英文是 fatherland。

62烏戈里諾（Ugolino della Gherardesca, 1220-1289），義大利貴族，叛國者，在監獄裡和自己的孩子們一起餓死，但丁的《神曲》中寫到他吃了死去孩子的屍體，但是後來古人類學家針對其遺骨進行研究，駁斥了這種說法。

趣，當我被關在監獄時，他們竟然沒把這些東西沒收。[64]

沒有比自殺未遂更令人噁心的事（冒險）了。這種事必須縝密計畫，確保萬無一失。

如果我一直推遲我精密的計畫，那是因爲某個夢想總是在最後一刻飄進我腦海，我無法不細細思索一番就拋棄它。這彷彿像是許多小說的主題。我給了它們一個共同的標題：「怪事」。

所以：

我曾經發明了一個機器（我設計了一個很特別、很困難的機制）。它類似顯微鏡，放大倍率：一百。如果我把倍率轉到九十九，所有那些連百分之一人性都沒有的東西就會死去。我要做的工作多到無法想像。我必須制定，每一次使用這個儀器，多少人（或生物）會消失，誰要來取代他們，還有這潔淨過後的、暫時的新生命會是什麼樣子。思考了一年後（當然我是在夜間思考），我已經做了一半的蒸餾。人們只剩下一半的獸性，其餘的都死了。我計畫的細緻程度，從這一點可以看出：我完全把自己從這個計畫中排除了。要是我使用我的「顯微鏡」，有可能把自己殺死，到時候該怎麼辦呢？

我必須尷尬地承認，現在，在比較艱困的夜晚，我會想起這個計畫。待在監獄的那段時間，我想出了最有趣的章節。

在我腦中，有十幾個像這樣的夢想。

所以……

我找到了魔法的字眼。我是世界的獨裁者。

我憂心忡忡地入睡，最後，我終於忍不住反抗。

「爲什麼是我？你們想要我做什麼？有比我更年輕、更有智慧、更清白乾淨、更適合這個任務的人啊。」

63柯札克於一九一九年至一九二一年被徵召去參加蘇波戰爭，在照顧傷患時得到了斑疹傷寒，回家休養，他的母親照顧他時被他傳染，不幸過世。

64一九四〇年十一月，「孤兒之家」搬遷時，德軍沒收了他們的物資，柯札克前去交涉，被德軍發現他沒戴臂章，因而被捕。

讓我去照顧孩子吧。我不是社會學家。我搞砸了，我讓這項計畫和自己都蒙羞了。

爲了休息、紓解壓力，我來到了兒童醫院。[65]我的職位是住院醫師。市政府把孩子們丟給我，就像貝殼一樣，而我治療他們——對孩子來說，我是個好人。我不問他們從哪裡來，要在這裡待多久，要去哪裡，也不問他們對其他人來說是好是壞。

「老醫生」會給糖果、說故事、回答問題。在那安靜又可愛的歲月，我遠離了世界的紛亂。

有時候我會寫書，有時候我拜訪朋友，總會有一個病患需要我好幾年悉心照顧。孩子們康復，死去——就像在所有的醫院裡一樣。

我沒有炫耀自己的學識，我沒有更深入地去了解那個我已經摸透了的專業。在醫院的頭七年，我就是這樣一個微不足道的住院醫師。然而之後的歲月，我卻總是心懷愧疚，因爲我拋棄了醫院，我背離了病童、醫學和醫院。我被虛幻的野心鼓動，想要醫治、雕塑孩子的靈魂。靈魂。不多也不少（老笨蛋，你把生命和這件事搞砸了，現在你活該受到懲罰）。布勞德—海樂洛娃[66]是個歇斯底里的下流女人，抱著醫院洗碗女工心態的懶鬼，卻佔著重要的位置，而皮哲波斯基[67]這個旅館經理則跑來照顧孤兒，還做得隨隨便便。

我省吃儉用，在歐洲三個首都的診所之間流浪、學習，[68]難道就是爲了今天和這些傢伙一起工作嗎？關於這事，我沒什麼好說的。

我不知道，這份自傳我已經寫了多少。我沒有勇氣去讀我寫下的東西，它就像是

65 這邊的兒童醫院指的是位於西利斯卡街五十一號和謝爾納街六十號轉角的柏爾森與包曼猶太兒童醫院（Szpital Dziecięcy Bersohnów i Baumanów w Warszawie），該院創立於一八七八年，柯札克曾於一九〇五年到一九一二年在此擔任住院醫師。

66 安娜・布勞德－海樂洛娃（Anna Braude-Hellerowa, 1888-1943），小兒科醫師、社會運動者。當柏爾森與包曼猶太兒童醫院在一九二三年因財務困難而關閉時，安娜・布勞德－海樂洛娃多方奔走，讓醫院重新開啟，她也在一九二四年到一九三〇年出任柏爾森與包曼猶太兒童醫院的院長。她和柯札克相識多年，交惡的原因不明。

67 揚・皮哲波斯基（Jan Przedborski, 1885-1942/43），內科醫師，在猶太隔離區中沃納許奇街（ul. Wolność）十四號一所大型孤兒院服務。柯札克曾試圖爭取那棟建築物，讓自己孤兒院的孤兒使用，但失敗了，或許這是他們衝突的原因。

68 一九〇七年到一九一一年間，柯札克為了增進自己的醫學知識，曾到柏林和巴黎去進修。一九一〇或一九一一年，他在倫敦參觀學校和孤兒院。

個沉重的包袱。我有自我重複的危險，也越來越常自我重複。更糟的是，每次當我重複訴說事實和經驗時，它們的細節可能會、也一定會不同。

不要緊。這只是證明了，我回顧的那些時刻很重要，而我的感受也很深刻。

這也證明，我們的回憶取決於我們當下的生命經驗。當我們在回憶的時候，我們無意識地在說謊。這很明顯，我點出這件事，只是爲了最魯鈍的讀者。

我經常夢想、計畫去中國旅行。

這是可能實現的，甚至很容易實現。

我可憐的、四歲的月佳，我在日俄戰爭時認識了她。[69]我用波蘭語給她寫了謝詞。她有耐心地教我這個資質魯鈍的學生中文。

當然，就讓人們成立東方語言的學院吧。當然，要有教授和課程。

但是每個人都應該花一年的時間待在東方的小村莊，看看四歲的孩子是怎麼教中文的。

教我德文的是鄂娜。華特和費里妲年紀已經太大了，他們教的方式就是學校的方式，用文法、書本和教科書。

杜斯妥也夫斯基說，我們所有的夢想都會隨著時間流逝而實現，只是它們實現的方式如此脫離常軌，以至於我們認不出它們來。現在，我認出了自己戰前的夢想。不是我到中國去，而是中國來找我。中國的飢餓，中國孤兒的悲慘，中國孩子的高死亡率。

我不想停留在這個主題太久。若是有誰描寫他人的傷痛，他就是在偷取他人的傷痛、大嚼他人的傷痛，彷彿傷痛的存在本身還不足夠似的。

第一批來到波蘭的美國記者和官員毫不掩飾他們的失望：[70] 情況沒有他們想像的那麼糟。他們尋找屍體，而在孤兒院，他們則尋找白骨。

69 譯註：「月佳」原文 Iuo-Ja，此處中文為音譯。一九〇五到一九〇六年，柯札克曾在日俄戰爭時以軍醫身分被派到哈爾濱。

70 一次大戰結束，波蘭獨立後，美國在波蘭進行了大型的援救孩童的任務。作為猶太孤兒院的代表，柯札克進入了波蘭─美國援助兒童委員會（Polsko-Amerykański Komitet Pomocy Dzieciom）。

當他們來參觀「孤兒之家」，男孩們正在玩戰爭遊戲，他們戴著紙做的帽子，手裡拿著棍子。

「看來，這些孩子沒有嘗到戰爭的苦頭。」一個人酸溜溜地說。

現在他們嘗到了。但是孩子的食欲也增加了，他們的神經也沒那麼緊繃了。終於，城市裡有了一些動靜——在這家或那家商店的櫥窗，出現了玩具，還有這麼多糖果——價錢從十分錢到一塊錢不等。

我親眼見到，一個乞兒討到十分錢，然後就跑去買糖果。

「朋友，不要把這寫進你們的報紙。」

我在某處讀過：再也沒有比他人的不幸更容易令人習慣的東西了。

當我們經過奧斯特羅文卡到東普魯士去的時候，[71] 一個商店女主人問我們：「軍官們，我們會怎麼樣？我們只是平民，爲什麼要受苦？你們就不一樣了，你們肯定是去送死。」

我在哈爾濱只有坐過一次人力車。現在在華沙，我也抗拒了好長一段時間。

人力車夫活不過三年，比較壯的頂多撐五年。

我不想成爲害死他們的共犯。

但現在我會說：「得讓這些人賺錢。我坐在車上，總比兩個賣黑貨的胖子（而且帶著一個大包袱）坐上去來得好。」

當我選了健康的、身強力壯的車夫（我趕時間時會這麼做），我總是覺得很糟。這時，我會多給他們五十分錢。

那時我的想法很高貴，現在也是。

有一次，我和一群得了痲疹的孩子躺在同一個房間，[72] 我點了一根菸，給自己找了個藉口：「菸味會讓他們咳出來，這對他們有幫助。」

五杯兌了熱水的精餾酒精（水酒比例五比五）給了我靈感。

71 一九一四年，第一次世界大戰爆發，柯札克被徵召進入俄軍擔任軍醫，這邊講的就是第一次世界大戰的回憶。

72 一九四〇年夏天，「孤兒之家」的孩子在最後一次去夏令營時得了痲疹。

之後就是那令人愉悅的倦意，沒有痛苦。傷痕不重要了，「沉重的」雙腿不重要了，甚至眼睛的疼痛和陰囊的燒灼感也不重要了。

我的靈感來自於我意識到：現在我躺在床上，可以一直躺到早上，所以我有十二個小時心肺、思想都正常運作的時間。

在辛苦工作了一天過後。

我嘴裡有酸包心菜和大蒜的味道，還有焦糖，這是我爲了增添風味放進伏特加裡的——像是伊比鳩魯學派信徒[73]的做法。

哈。還有兩茶匙眞正的咖啡，加上人造蜂蜜。

室內有阿摩尼亞的氣味（現在尿液很快就分解開來了，我並不會每天沖洗夜壺），大蒜的氣味，電土的氣味，有時候還會飄來我的七個室友身上的味道。

我感覺很好，很寧靜，很安全。當史蒂芬妮小姐帶來新的消息、需要苦思的問題、絕望的決定，我的寧靜就會被打斷。

或是來的人會是艾絲特卡，[74]她會說某個孩子哭了，或是睡不著，或是牙痛。不然就是菲列克，拿著一封明天要寄給某個重要人士的信過來。

喔，飛蛾來了，我體內的憤怒已在發酵。臭蟲是新常客，一開始還很稀有。還有飛蛾，這是最新的敵人，我們說它是敵人五號好了，可惡，這是明天的新議題。我想要在這寧靜中（現在晚上十點）整理這一天，正如我所說，今天我工作得很辛苦。

附帶一提，關於伏特加：我喝掉了我庫存中最後的半瓶。我本來沒有要打開它的，我本來要把它留起來，給黑暗的時刻。但是魔鬼沒有睡著——我胃裡都是包心菜、大蒜和五十克的香腸，我需要喝點酒安撫它。

如此寧靜，如此安全。甚至是安全的，因爲我不預期會有任何外在的訪客。當然，可能會有火災、空襲，天花板的灰泥可能會掉落。當我說「我感覺安全」時，這表示我主觀地認爲我是個在大後方的人，如果你不知道什麼是前線，你不會明白我在說什麼。

73 譯註：伊比鳩魯（Epicurus, 341-270 BC），古希臘哲學家，推崇享樂主義，認為最大的善來自快樂。不過在現代，伊比鳩魯學派信徒這個字有貶義，指的是追求享樂的人。

74 即艾絲特拉．維諾哥羅（Estera Winogron, 1915-1942），艾絲特卡（Esterka）為其暱稱，她是華沙大學的學生，在「孤兒之家」工作，並且在那裡導演了印度詩人泰戈爾劇作《郵局》的演出。

我感覺很好，我想要一直寫一直寫，寫到鋼筆的最後一滴墨水都用盡。就寫到凌晨一點好了，然後我會沉沉睡上六小時。

我甚至想要開點玩笑。

「太讚了。」不怎麼清醒的部長說，[75]他說這話的時機也不恰當。因爲許多村莊都有斑疹傷寒肆虐，而肺結核的死亡人數則急速上升。

之後，他的政敵在獨立報紙（還眞獨立呢）上批評他。

「太讚了。」我說，想要讓自己心情好起來。

一段歡樂的回憶。現在五十克的香腸已經要價一塊二，以前只要八十分錢（麵包貴一點）。

我對店員說：「親愛的小姐，這香腸會不會是人肉做的呀？因爲如果是馬肉，這價格也太便宜啦。」

她回答：「我哪知道？他們做這香腸的時候我不在場。」

她沒有表現出厭憎，沒有對開玩笑的客人親切地微笑，也沒有聳肩表示這玩笑有點可怕。不，她只是停止切香腸，然後等我下決定。沒品的客人，沒品的笑話或質疑——根本不值得討論。

今天從量體重開始。五月孩子的體重掉了許多。上個月的情況不差，五月也還沒有那麼令人擔心，但是接下來兩個月正是青黃不接之際，缺糧是肯定的。政府單位在管理上的限制，他們附加的解讀以及內部的問題，也會讓情況惡化。

星期六給孩子們量體重的一個小時，是難熬的一個小時。

吃完早餐後，就是上課時間。[76]

籌備早餐本身也是一種工作。在我給重要人士寫了一封措辭難聽的信後，我們就得到了不錯的補給：香腸，甚至還有火腿，還有一百塊餅乾。

還算可以。雖然一個人也沒辦法得到多少，但效果很好。

之後甚至有驚喜：我們得到了兩百公斤的馬鈴薯。

75指的是費利西安．斯瓦沃伊．斯克瓦德科夫斯基（Felicjan Sławoj Składkowski, 1885-1962），曾出任波蘭內政部長，還當過首相。

76在「孤兒之家」，也有給院童的學校課程。

我的信有了回音，但是他們會生我的氣。短暫的、外交上的勝利和得來容易的特許權，不應該激起我們的樂觀希望，也不應該讓我們降低警覺。

他們會想辦法扳回一城——要怎麼防止這件事？烏雲會從哪個方向飄過來？看不見的歐姆、伏特、氖氣會在何時、在哪裡聚集，帶來閃電或沙漠的風？

孩子們無憂無慮地吃著早餐，伴隨它的則是那令人不安的問題：「我這樣做到底是好是壞？」

匆匆吃完早餐後（我只來得及胡亂塞點東西）——上廁所（預先上好，所以要用點力），還有開會，在會議上討論夏天的計畫、休假和代班的事。

如果可以像去年一樣就好了。但是問題是，很多事改變了，臥室變了，許多新的孩子來了，舊的孩子走了，新的升遷——唉，有什麼好說的呢，一切都變了。我們明明希望狀況更好的。

開完會後，就是讀《「孤兒之家」週報》和法庭的判決。[77]有犯規的現象。不是每個人都想要專心好好聽一個小時，關於誰好誰壞，什麼多了，什麼少了，接下來會發生什麼事，我們該怎麼做。對新來的孩子而言，孤兒院的週報是一種全新的啓示。

但是舊生知道，不管怎樣，他們不會獲得那些重要的、最重要的資訊。他們一點都不在乎，也不想聽。如果可以不用費心，誰不想要這麼做？

讀完週報後（這對我來說很疲累，我明白、同意這件事，也可以對那些最好不要注意到的事睜一隻眼閉一隻眼，我不想強硬介入，但也沒辦法說服他人），我們和一名想把一個孩子送進孤兒院的太太開始了一段冗長的對話，這是大工程，需要謹慎、親切和堅定，可能會讓人談到發瘋。但關於這個，我下次再說。

因爲午餐鈴響了。

星期六的午餐和其他幾天的午餐有什麼不同，我實在說不上來，所以這件事我也

77從一九一三年開始，「孤兒之家」就有自己的週報，叫《「孤兒之家」週報》（*Tygodnik Domu Sierot*），裡面會寫「孤兒之家」這一週發生的事、「同伴法庭」的判決以及法律條文（「孤兒之家」不用打罵的方式處罰孩子，而是會讓孩子當法官，用法庭裁決孩子們之間的糾紛，法庭的目的不是懲罰，而是原諒）。教師和孩子會在星期六下午開會，一起讀報。關於「同伴法庭」的更多資訊，可以在柯札克的著作《如何愛孩子》中讀到。

留到下次再說。

我今天只有三個地方要去，三個人要拜訪，表面上看起來很容易。

1. 拜訪一個我們的支持者（他病剛好）。

2. 去幾乎是隔壁的那棟樓討論給孩子們的酵母粉。

3. 去一個離這不遠的地方，拜訪從東部來的返國移民，他們很親切和善，我希望他們過得好。

哈——哈。

第一場會談是早上關於學校討論的延續。

我去的時候他已經出門了。

「請代我向他致意，我想要早點來拜訪他，但我沒辦法。」

思考很累人——有這麼多事要想。

這個老人很奇怪，是個學校老師，但沒有典型學校老師的個性。關於他我知道些什麼？一整年，我和他沒有深談過（或是根本沒有談過）。

沒有時間？我在說謊。（我的眼睛睜不開了，我不行了。真的不行了。等我起床再把這段寫完。

……祝你安好，寧靜的美麗夜晚。）

我沒起床，而早上還得寫信。

接續前文，寫於隔天晚上。

P.S. 昨天晚上只有七個猶太人被槍斃，所謂的猶太蓋世太保。[78] 這意謂著什麼？最好不要深究。

一小時關於酵母粉的演講。啤酒酵母還是烘焙酵母，活性酵母還是非活性酵母？這酵母要放多久？一個星期幾次，還有要多少？

維生素 B。

78 猶太蓋世太保指的是和德國人合作的猶太人，他們在一九四二年五月二十四日被槍殺。

我們一個星期需要五公升。怎麼做？透過誰？誰提供？

在第三個我拜訪的人家裡，我們談了各國的菜餚。他告訴我，在他小時候，他們家是怎麼做庫格爾[79]和馬鈴薯豆子燉肉的。

老人的回憶如洪流爆發。他們從〔——〕的地獄回到了華沙的天堂。

正是如此。

「不管是年齡，還是人生經驗，您都還是個乳臭未乾的小子啊，您什麼都不知道。」

嗯，還有馬鈴薯豆子燉肉。

我多次提到我在基輔吃的華沙牛肚湯，每次吃到它，我都會邊哭邊想起故鄉。

他聆聽我，然後點頭同意。

在大門前，門房纏住了我。

「救救我，神啊。請讓他們什麼都別問，什麼都別要求，什麼都別說。」

一個死去的男孩躺在路邊。旁邊，三個男孩在調整繩子做的韁繩。某一瞬間，他們注意到了躺在地上的男孩，他們走遠了幾步，沒有停下遊戲。

每一個有點錢的人都得養家。家庭——是他和妻子的兄弟姊妹，他們的兄弟姊妹，年邁的父母，還有孩子。他會給他們五塊到五十塊錢——從早到晚。

如果有人快餓死了，找到承認和他有血緣關係的家人，提供他一天兩餐，他會高興個兩三天，頂多一星期。之後他會要求衣服、鞋子、條件不算太差的房子、一點煤炭——然後他會想要給自己、妻子和孩子治病——最後，他不想當乞丐了，他要求擁有工作和職位。

不可能有別的路，但是這會引起強烈的憤怒、嫌惡、恐懼、噁心，讓一個善良敏感的好人成爲家族的敵人，成了別人和他自己的敵人。

「我不想要再擁有了，就讓他們看到，我沒有，就讓這件事結束。」

79庫格爾（kugel），猶太傳統食物，用蛋、雞蛋麵、乳酪一起焗烤。

我結束「四處散步」回來了，疲憊不已。我去見了七個人，進行了七場談話，爬了七個樓梯，回答了一堆問題。我的成果是：手中的五十塊錢，還有，大家同意每個月捐五塊錢。現在可以養活兩百個孩子了。

我和衣躺下。今天是第一個炎熱的日子。我睡不著，而晚上九點有一場教師會議。有時候會有人短暫地情緒爆發，然後又退縮回去（沒必要）。有時候會有人膽怯地提出意見（沒錯，只是做做樣子）。這個儀式持續一小時。形式上，我們走完了流程，從九點到十點。當然，我說得有點誇張了。

我有許多想法可以幫助自己入睡。這一次，我要來想：在沒有強迫或噁心的情況下，我會吃什麼？

半年前，我還不太清楚，自己喜歡吃什麼呢（括號中是這個食物會勾起什麼時期的什麼回憶）。

所以：覆盆子（瑪格嘉阿姨[80]的花園）、牛肚湯（基輔）、蕎麥（父親）、腰子（巴黎）。

在巴勒斯坦，每一道菜我都會加很多醋。

現在，爲了讓自己睡著，我要來想這個撫慰人心的題目：

「我想吃什麼？」

答案是：「香檳配小甜餅，冰淇淋配紅酒。自從我喉嚨壞掉，我已經二十年沒吃冰淇淋了，香檳我這輩子大概只有喝三次，而小甜餅應該是小時候生病時才有得吃。」

我又試著想：「也許魚配塔塔醬？」

「維也納炸肉排？」

「加紅包心菜和馬拉加酒的兔肉醬？」

不！絕不。

爲什麼？

這很有趣：吃東西是一種勞動，而我現在很累了。

80 指的是瑪格達蓮娜·雷訥（Magdalena Rejner），柯札克的阿姨，當他在國外遊歷時，曾給他經濟上的支援。

有時候我早上醒來，會想：「起床就是坐起來，去拿衛生褲，扣釦子，如果不是扣所有的，至少要扣一個。把自己塞進襯衫。穿襪子時得彎下腰。吊帶……」

我能理解克雷洛夫，[81]他成年後大半時間都待在沙發上，把藏書放在沙發底下。他伸出手，就隨手拿起一本書來讀。

我也理解我朋友P的情婦。她黃昏後就不開燈，但是會點軍用火柴來讀書，我朋友會爲了她去買這些火柴。

我在咳嗽。這是辛苦的勞動。我從人行道走到馬路上，又從馬路爬到人行道上。一個路人撞到了我，我踉蹌了幾步，靠著牆休息。

這不是因爲虛弱。我可以輕易舉起一個重三十公斤的小學生，那體重活生生又頑強。我不是沒力氣，而是沒意願。就像古柯鹼上癮患者。我甚至在想，這古柯鹼是否在菸草裡，在生鮮的蔬菜裡，在我們呼吸的空氣裡。因爲不只我有這樣的症狀。夢遊患者——嗎啡上癮的人們。

記憶力也是一樣。

有時候我爲了重要的事而去找某人，我會在樓梯上停下來，問自己：「我是要來找他幹嘛？」我會想很久，最後鬆了一口氣說：「啊，我知道了。」（柯布里納——生病慰問金。赫沙夫特——補充的食物。克朗許提克——煤炭的品質，還有煤炭和木柴數量的關係。）[82]

會議的情況也是一樣。會議總是很容易離題。有人提醒某件事，打斷了會議，然後我們就得花很久討論那件事。

「我們剛剛在談什麼？」

有時候有人會說：「第一……」

然後你等啊等的，都等不到他的「第二」。

他就在那裡叨叨絮絮。

81伊凡・克雷洛夫（Ivan Krylov, 1769-1844），俄國作家。

82愛德華・柯布里納（Edward Kobryner, 1880-1943），社會運動者，孤兒援助協會的活躍成員，在猶太隔離區中擔任猶太人委員會物資部門的主任。赫沙夫特指的可能是亞當・亞伯拉罕・赫沙夫特（Adam Abraham Herszaft, 1886-1942），物資部門的員工，也有可能是卡日米齊・赫沙夫特（Kazimierz Herszaft）。《華沙猶太區檔案》中曾提到他協助安排物資。葉日・克朗許提克（Jerzy Kramsztyk, 1888-1942/43），他在猶太人委員會的煤炭部門工作。

結論：「必須收容這個孩子。」

已經寫下「收容」了，我們應該要討論下一個事項。不，現在不只一個人，而是三個人都提出他們支持的理由。有時候你得打斷他們好幾次。討論彎來繞去，就像一輛隨便亂開的車。

眞是累人、煩人。

夠了！

在前線，我們不知道「夠了」這種感覺是什麼。在前線，你會收到一連串命令：「往前十公里，往後五公里，停下來，走，在這裡過夜。」不管是騎兵還是摩托車步兵，不管是白天或夜晚，有時候一個簡短的命令就寫在紙上，你必須立刻執行，沒什麼好討論。

村子裡有五間沒被破壞的房舍。

「把這些房子準備好，迎接兩百個傷兵，他們很快就會被載過來了，你自己想辦法處理。」

這裡的情況則不是如此。

「我請求，我會很感謝，請你們大發慈悲。」

你可以不做，用別的方式做，還可以討價還價。

司令官幹得很差。他無腦地欺負、霸凌別人，做出無理的要求，然後在關鍵時刻消失無蹤，沒有留下任何命令，但是我們又不能沒有他。

大家會議論他、想他、夢見他——但是平民的情況就不一樣了，你可以和上級吵架，證明他失職，威脅他。

結果殊途同歸。

厭倦。

在前線，厭倦的感覺是暫時的。有人會來敲農舍的門，馬會在路上嘶鳴，總會有新消息。也許要去城市，也許今晚要睡在宮殿，也許要更換前線，又或者是最糟糕的——被俘虜。

而我們這些猶太人現在在這裡，不知道明天會給我們帶來什麼。但是即使如此，我們依然感到安全，於是有厭倦的感覺。

「你寧願去卡爾可夫參戰嗎？」[83]

我擺了擺手，表示對那些垃圾新聞不屑一顧，回答：

「我寧願去那裡。」

那裡甚至更糟，但是不一樣的糟。

這是爲什麼有人躲進工業，有人躲進投機生意，有人躲進社會工作，有人[84]

已經是白天了。我打了個呵欠。又是一天。

那顆牙齒，把舌頭弄傷的牙齒——眞絕望。我試圖把它磨平，一點用都沒有。也許是癌症？也許我已經快死了？

一九四二年五月二十九日，清晨六點，床上。

如果你想要提高自己對怒氣的容忍度，那就去試試看幫助一個無能的傢伙。

你給她一份文件，她明天要親手交給一個人，你把地址和時間都給了她。然後她把這份文件弄丟了，或是忘了帶，或是沒時間，或是門房給了她別的建議。她明天會去。都一樣。再說她不知道這樣做好不好。她要把孩子留給誰看管？她得洗衣服，只洗一件給孩子的連衣裙。

「您不能明天洗嗎？」

「現在很熱，我答應了要洗。」

她很抱歉。「也許不會怎麼樣？」

在戰前，都是她丈夫負責處理這些事。

「也許我做錯了，但請您不要生我的氣。」

我來審查一個家庭的物質條件。這個家提出了申請，要我們收容一個男孩。

「他可以睡這裡，這裡很乾淨。」

83 譯註：卡爾可夫戰役（Battle of Kharkov），一九四一年到一九四三年間德軍和蘇聯紅軍在卡爾可夫附近進行的四場戰役。

84 譯註：原句未寫完。

「您叫這乾淨？如果您看過我們家在戰前的樣子……」

「他白天一整天都可以在我們那裡。」

「如果下雨呢？」

「做決定的人不是我，我寫下我的看法，院裡的女士們會決定要不要收容這孩子。」

「醫師先生，您不知道這孩子有多好。等您見了他，就會遺憾我只有這一個孩子，我生產時有五個醫師呢。」

我不會對她說：「太太，您眞蠢。」

三十年前，我曾經在醫院對一個母親這麼說。她這麼回答我：「如果我有錢的話，我早就變聰明了。」

我對另一個母親說：「即使是羅斯柴爾德男爵，[85]一天也只會餵自己的孩子五次。」

「他的孩子一輩子都不愁吃喝。」

我說：「如果孩子需要喝茶，神會讓您的乳房一邊裝奶，一邊裝茶。」

「要是神可以給孩子所有他需要的東西就好了。」

我說：「如果您不相信我，就請您去找您信任的醫師。」

「請您不要生氣，但我要如何信任人？有時候我連神都不信任了。」

或是，也會有母親說這種話：「當我狠狠打孩子的屁股，他的屁股紅得像是被火燒過，我覺得很難過——對不起——我於是開始哭。」

這時候，薩米拿了一封信來我床前，問我這樣寫好不好？

敬愛的諸聖教堂神父：[86]

我們懇請神父，讓我們能在星期六早上使用教堂旁的花園幾次，最好是早上，從六點半到十點。

85羅斯柴爾德家族（Rothschild）是十九世紀世上最富有的家族，是個橫跨歐洲和英國的銀行世家。

86馬冊里・哥德列夫斯基（Marceli Godlewski, 1865-1945）神父，一九一五年起在諸聖教堂工作，在二戰前有反猶觀點，但在二戰期間幫助猶太人。根據另一個神父的說法，哥德列夫斯基神父曾讓「孤兒之家」的孩子使用教堂的花園。

我們很懷念新鮮的空氣和綠地，我們這裡很悶、很擠，我們想要認識大自然、親近大自然。

我們不會把苗圃弄壞。我們熱切地懇求您，不要拒絕我們的請求。

西格蒙特、薩米、阿伯拉夏、漢卡、阿容涅克

如果有人已失去不求回報地和人交談的耐心（只爲了認識他們，不爲別的目的），他會喪失多少珍寶啊。

今天早上這封申請書是個好兆頭，也許今天我可以募集到超過五十塊錢。

隔離室中睡了七個病患，老阿茲里列維奇[87]睡在最前面（心絞痛）、格妮雅（好像是肺的問題）、漢涅奇卡（氣胸）。另一邊則是孟諾許、蕾金卡和瑪莉拉。

漢涅奇卡對格妮雅說：「他這麼爲她犧牲奉獻，他會爲了她付出生命，還有一切，世上所有的一切，而那頭豬卻一點都不愛他。」

「爲什麼她是豬？如果他愛她，她就一定要愛他嗎？」

「看情況。如果他只愛一點點，那就算了。但是他想爲她付出生命，還有所有的一切欸？」

「她有拜託他這麼做嗎？」

「有的話也太扯了吧。」

「這不就對了嘛。」

「我也是這麼說。」

「不，妳說她是豬。」

「因爲她就是豬。」

「我不想和妳說話了。」

她們生彼此的氣。

我開心也不開心。我生氣，高興，擔心，憤怒，我想要體驗更多也想要逃避，我

---

87 老阿茲里列維奇是在「孤兒之家」工作的盧佳・史托克曼（Róża Sztokman，原本姓阿茲里列維奇，後來從夫姓史托克曼）和亨利克・阿茲里列維奇（Henryk Azrylewicz）的父親。關於亨利克・阿茲里列維奇，見註釋102，盧佳・史托克曼，見〈提供建議的辦公室和新來的孩子〉註釋1。

想要祝福，也想要神或某個人來降下懲罰。我衡量：這是好的，這是不好的。

但這一切都只是理論，彷彿商品型錄，平板、灰暗、普通、職業的例行公事，像是透過霧，模糊的感覺，沒有立體感。他們就在我旁邊，但是不在我心裡。我可以毫不費力地把它放下、延期、取消、暫時讓它懸著、替換。

銳利的牙齒咬傷了舌頭。我見證了令人憤怒的一幕，我聽到的話語應該要讓我感到震驚。我沒辦法把痰咳出來，我拚命咳，快窒息了。

我聳了聳肩，覺得無所謂。

漠然。感覺的匱乏——完全的猶太式放棄。所以現在是怎樣？之後要如何？

所以，我的舌頭痛是怎樣？七個人被射殺了是怎樣？他已經知道自己必死無疑。所以然後呢？他不可能死第二次啊？

有時候某件事會讓我感動，然後我很驚訝，彷彿我意識到或者說想起來，事情是這樣，可以這樣，以前是這樣的。我注意到，其他人也有同樣的感覺。

（有時候，我們會遇到一個睽違多年的人。在他已經改變的臉上，我們會讀到自己的改變，我們不再是以前的那個樣子）

即使如此，有時候……

一幅街景：

一個少年躺在人行道上，還活著，或是已經死了。就在他身旁，有三個男孩在玩騎馬遊戲，他們的韁繩（用繩子做的）纏住了。他們七嘴八舌地討論，試東試西，然後開始不耐煩——他們不小心踢到了地上那人的腳。終於其中一個男孩說：「我們去旁邊吧，他在這裡會打擾我們。」

他們往旁邊走了幾步，然後繼續把弄韁繩。

或是：我去斯摩察街五十七號，五十七號公寓。那裡住著兩個在死亡邊緣掙扎的誠實家庭，他們向我們提出申請，請求我們在白天收容一個男孩。

「我不知道這男孩現在會不會去收容所，他是個好孩子，他母親還沒死之前，他捨不得離開她。他現在不在家，他去外面『碰碰運氣』了。」

母親半躺在沙發床上。

「不把孩子送進收容所前，我不能死。他是個好孩子。他叫我白天不要睡，說我這樣晚上會睡得比較好。而晚上他問：妳幹嘛呻吟？這有什麼幫助？還是睡吧。」

馬車夫很愛吵架、大吼、生氣，而人力車夫則很溫和安靜，就像馬或牛。

在索那街和萊施諾街的街角，我看見一群人：氣呼呼的人力車夫，氣呼呼的、有著一頭淡金色鬈髮的女人，驚訝又失望的警察。不遠處，則站著一個優雅的女人，帶著輕蔑看著眼前的一切，等待這件事結束。

警察不情願地說：「小姐，這個混蛋要什麼您就給他吧。」

然後他懶懶地走開了。

人力車夫反問：「這位小姐不想付錢，我就變成混蛋了？」

氣呼呼的小姐說：「我會多給您兩塊錢，但是您要把我載到門口。」

「您剛剛說三塊載到切佩瓦街角的。」

他掉頭離開，跑到人力車的排班隊伍裡。

我問那名憂心的、優雅的小姐：「您知道發生了什麼事嗎？」

「我知道，我和她一起坐車。」

「誰是對的？」

「車夫是對的。但是他爲什麼寧可少賺兩塊錢，也不願意多跑一百步？」

「他很頑固。」

「我看得出來。」

我來到人力車夫面前。

「發生了什麼事？」

「沒什麼。我少賺了兩塊錢。所以怎樣？我不會更窮，而我就是個混蛋。」

我去了三個地方，在這三個地方，我都得對聽眾重複一遍這個事件。

我沒別的辦法，我必須說。

捷爾納街有個同事或是兩個同事（一個不在捷爾納街的女同事也參了一腳）向健康委員會（或是健康處）[88]密告，說我隱瞞了斑疹傷寒。隱瞞任何一個斑疹傷寒的案例，都會被判死刑。

88 這是猶太人委員會下面一個管理健康的部門，目的是防止傳染病大流行，安娜．布勞德—海樂洛娃醫師是其中的成員。

所以怎樣？

我去了健康委員會，這件事好像緩和了，他們說了未來應該要怎麼做。我寫了兩封信給兩個政府單位，一封信中說我承諾，但我沒有遵守承諾。另一封信中我問，他們打算拿我怎麼辦？還有我在捷爾納街的新單位？

這兩封信措辭並不親切，不，不能說它們親切。但是難道他們就可以隨隨便便叫我混蛋嗎？

我知道，這女同事的名字是布勞德—海樂洛娃，而不是布洛伊葛斯—霍亂洛娃。[89] 如果她對我來說是布洛伊葛斯，那她對醫院體系來說就是瘟疫、痲瘋和霍亂的綜合體，我只是寫了這最後一個字，爲什麼我就是混蛋？

他們對我有什麼要求？

一個女客人向女店主抱怨，女店主回答：「我的小姐，這不是商品，這也不是商店，您不是客人，我也不是店主，我沒有賣您，您也沒向我買，因爲這些紙並不是錢。您沒有損失，我也沒有賺到。今天沒有人在騙人，也沒什麼好騙的。只是得做些什麼，不——是嗎？」

如果他們給我彌撒經本，我可以勉強舉行一場禱告。

但是我沒辦法對戴著臂章的羊群[90]布道。我會把要說的話硬生生吞回嘴裡，我會在人們的眼中讀到：「所以怎樣？嗯，接下來呢？」

我會張口結舌。

西利斯卡街——潘斯卡街——瑪麗安斯卡街——康明泰托瓦街。回憶——回憶——回憶。

每一棟房子，每一個中庭。我多次在那裡出診（一次的費用是半盧布），[91]大部分是夜診。

白天我到有錢人住的街道，去有錢人家裡看診，我叫他們付我三或五盧布。這樣

89布洛伊葛斯（brojges），意第緒語，「邪惡的」。
90譯註：這裡的羊群指的是信徒。這是猶太教與基督信仰常見的譬喻，後文仍會提及。
91譯註：盧布是俄羅斯貨幣。

做很自大——我拿的和安德斯一樣多，比克朗姆斯蒂克和龐奇克維奇還多。[92]這是教授該拿的錢，而我只是個住院醫師，是個被人推來推去的、柏爾森醫院的灰姑娘。

有這麼多的回憶。

猶太醫師沒有基督徒的客戶——除了那些住在高級住宅區的重要人士。說起這些人，猶太醫師們也十分驕傲：

「我今天去給管區警察／餐廳老闆／銀行門房／諾沃利普基街上的國中老師／郵政局長看病。」

這樣已經很了不起了。

而我會接到這樣的電話，雖然不是每天：

「醫師，塔諾芙絲卡伯爵夫人請您來聽電話。」「法院的檢察官。」「宋格耶渥總裁夫人。」「馬克夫斯基律師。」「西斯克夫斯基律師。」

我在一張紙片上抄下地址，問：「不能明天去嗎？」「我醫院的事忙完，一點過去。」「溫度幾度？」「可以給他吃蛋。」

有一次來電的甚至是：「吉爾臣科將軍夫人。」

那我也沒什麼好提赫坡上尉的來電了，每一次他的孩子大了便，他就會打電話給我，有時候甚至打兩通。

《沙龍的孩子》[93]的作者，哥德施密特，就這樣在夜晚去給孩子看診，去西利斯卡街五十二號的地下室，去潘斯卡街十七號的閣樓。

有一次，波茲南斯基家族[94]的人把我叫去他們在烏亞茲多夫大道的宮殿。

「非得今天不可，病患等不及了。」

我去了。

「三盧布。」認識華沙每個人的尤里克醫師說：「他們眞小氣。」

「醫師，請您稍候，我派人叫男孩們過來。」

他們出去了？

---

92 以上提到路德維克·安德斯（Ludwik Anders, 1845-1920）、尤里安·克朗姆斯蒂克（Julian Kramsztyk, 1851-1926）、揚·維塔利斯·龐奇克維奇（Jan Witalis Bączkiewicz, 1862-1932）都是華沙重要的小兒科醫師。

93 《沙龍的孩子》（*Dziecko Salonu*），柯札克的半自傳小說，出版於一九〇六年。

94 這邊指的是波蘭猶太商人伊茲雷爾·波茲南斯基（Izrael Poznański）的家族。

「離這不遠，他們在公園玩。在等的時候，我們喝杯茶吧。」

「我沒空等。」

「但是尤里安醫師總是……您最近在寫什麼？」

「很可惜，只有處方箋。」

隔天：

「我的老天爺，朋友。他們很生氣，他們會與你爲敵。」

「哼，我好怕喔。」

「嗯，可別大意。」

身爲一個住院醫師，我有一間附家具的公寓，一年領兩百盧布，分四次付款。我請了誠實可靠的瑪圖拉小姐幫我打掃，花十五盧布。

我外出看診一個月可以賺一百盧布，寫文章也可以賺一點零頭。

我花很多錢在馬車上。

「您去茲沃塔街還搭馬車呀，那要二十戈比，[95]眞是浪費錢。」

我免費治療社會主義者、老師、記者、年輕律師、甚至醫師的孩子，他們都是進步分子。

有時候，我也會打電話。

「我晚上才能過去。我得洗澡、換衣服，因爲我們這裡很多人得猩紅熱，我不想要傳染給孩子。」

孩子！

這些是光明面。也有黑暗面。

我宣布：「因爲老醫師不想在夜間出診，也不去看窮人的病，所以我這個年輕醫師得在半夜奔波，提供協助。」

你們懂吧，緊急的協助，沒有別的辦法。要不然，受傷的孩子等不到隔天早上怎麼辦？

醫士[96]們聯合兩家藥品批發商，還有兩家藥局，向我宣戰。

95 譯註：戈比也是俄羅斯貨幣，一百戈比等於一盧布。

96 譯註：醫士（felczer）的工作和醫師（doktor）類似，只是醫士需要的資格證明比醫師低很多。柯札克免費治療窮苦的病人，影響了醫士和藥局的生意，這就是為什麼對方向他宣戰。

他們一致認爲我是個瘋子。危險的瘋子。他們的分歧之處只在於：這瘋狂是可治癒的，還是不行？

有一次，一個包頭巾的女人在晚上來找我，外面大雨傾盆。

「請去看看我母親。」

「我只看孩子。」

「她變得像個孩子一樣。我知道您沒辦法幫我，而且您沒有必要跑這一趟。但是醫師們不願意開死亡證明。而她是我母親，我怎麼能不給她找個醫師呢？」

「我去。」

「眞的很對不起，我不知道您只看孩子——是布魯哈斯基醫士叫我來的。他是個猶太人，但他是個好人。他說：『女士，如果我去看病您要給我錢，因爲這是夜診。而醫院裡有個醫師，他可以免費去看診，還會留下藥錢給妳。』」

我堅持不在處方箋上寫dr，不寫「醫師」。

藥局的人說：「我們不認識這樣的醫師，一定是醫士。」

「但是……他是醫院的醫師。」

於是，他們就寫：「NN醫師。」（表示身分不明的醫師，資格不明。）

我收二十戈比，因爲《塔木德》[97]經書中說，如果看病是免費的，那病患就不會痊癒。

最常讓我覺得可笑的是病患。他們眞是好笑的一群人。有時候他們會讓我失控。

深夜，門鈴響了，救護車帶來了一個被燙傷的孩子。

「您怎麼看？」

「沒什麼好看，沒救了。」

「這孩子不是普通人，我是一個商人，我有一棟大房子，我可以付錢。」

「請不要大吼大叫，請出去，不要吵到其他病患。」

「其他人干我什麼事。」

97譯註：《塔木德》（*Talmud*），猶太教中的重要宗教文獻，地位僅次於希伯來聖經《塔納赫》（*Tanakh*）。

我和醫士一人一邊，抬著他的手臂，把他扔下樓梯。載著孩子的床則被推到急救室。

「您有電話，您可以叫全華沙一半的教授來醫治您的孩子。」

「我會在報上寫文章罵您，我會讓他們吊銷您的醫師執照。」

這個夜晚又浪費了。

或者是，清晨六點，我往寢室走去。

「請您來看看孩子。」

忙了一整晚，我睏得要命。

「他怎麼了？」

猩紅熱引起的發燒。

「誰給他看病的？」

「好幾個不同的醫師。」

「那就請您去找那些『好幾個不同的醫師』。」

「但我想請您來看。」

「萬一我不想呢？」
「我可以付錢。」
「我晚上不出診。」
「早上六點是晚上？」
「是晚上。」
「所以您不來嗎？」
「我不去……」
她砰一聲關上門，臨走前扔下這句話：「您還眞以爲自己是貴族呢，您損失了三盧布。」
老實說，她只會給我二十五戈比，然後三戈比讓我給門房當小費，而且不能討價還價。她說她會給三盧布，是爲了讓我徹夜不眠，咬著手指後悔。
您損失了三盧布。
這是我的故鄉。〔——〕潘斯卡街，西利斯卡街。

我爲了「孤兒之家」拋棄了醫院，我對此懷抱著罪惡感。

我有一次必須離開（因爲戰爭）。

另一次我去了柏林。

第三次，我在巴黎待了不到半年。

我是爲了尋找光，爲了尋找知識到那裡去。

現在，當我已經知道我不知道，也知道我爲何不知道，當我已經可以做到最基本的「不要傷害病患」，[98] 我正往未知的水域航去。

醫院給了我這麼多，而我這個不知感恩的傢伙卻回報它這麼少。醜陋的離棄。生命爲此懲罰了我。

我昨天到格吉比街一號去募款，過了那棟屋子，就是圍牆了。昨天，他們在那裡殺了一個猶太警察，他那時候好像是在幫走私客把風。

「這裡不是做買賣的好地方。」鄰居解釋。

商店關門了。

「人們會怕。」

昨天我在那扇門前遇到門房的助手。

「醫師先生，您認不出我了嗎？」

「等等……我知道了，你是舒茲。」

「您認出來了。」

「哈，我記得太清楚了。過來，告訴我你過得怎樣。」

我們坐在教堂前的臺階上。

我的天啊，格吉比廣場，一九〇五年，他們就在這裡射傷了索布特卡。[99]

兩段回憶纏繞在了一起。布拉！他已經四十歲了，沒多久之前，他才十歲。

98 譯註：「首先，不造成傷害」（拉丁文：Primum non nocere；英文：First, do no harm）是西方醫學之父希伯克拉底（Hippocrates）醫師誓言的第一條，也是所有醫師必須遵守的行醫原則。

99 事件的細節不是很清楚。從一九〇四年十一月起，在格吉比廣場（pl. Grzybowski）和附近的街道，就有許多被血腥鎮壓的抗爭活動，或許柯札克指的是在某次抗爭中受傷的波蘭社會黨（Polska Partia Socjalistyczna, PPS）成員，瓦迪斯瓦夫·索布特卡（Władysław Sobótka）。

「我有孩子了。也許您來我家喝個包心菜湯？就可以看到他了。」

「我很累了，我等下就回家。」

我們聊了十五分鐘，或者半個小時。

受驚的、戴著臂章的天主教徒[100]偷偷地瞄著我——他們認出了我是誰。

大白天的，柯札克竟然和一個走私客坐在教堂的階梯上。他孤兒院裡的孩子一定很需要食物。但是爲什麼他這麼明目張膽，彷彿要做給大家看，而且還一點都不覺得丟臉？

他是在挑釁。如果德國人看到會怎麼想？沒什麼好說的，猶太人就是這麼自大、討人厭。

而舒茲告訴我：「早上他會喝四分之一公升牛奶，吃一個麵包和二十克奶油，這都要錢。」

「爲什麼這麼照顧他？」

「父親就是要照顧孩子啊。」

「他調皮嗎？」

「皮啊，就像我一樣。」
「你太太呢？」
「第一流的女人。」
「你們會吵架嗎？」
「我們在一起五年了，我從來沒對她大吼過。」
「你記得以前嗎？」
他微微一笑。
「我常想到『孤兒之家』，有時候我會夢到您或史蒂芬妮小姐。」
「爲什麼這麼多年你都沒來找我們？」
「我過得好時，沒時間過去，我過得不好時，也不想讓你們看到我衣服破爛、髒兮兮的樣子啊。」
「你有見過雷布許嗎？」

100 譯註：這邊指的是信奉天主教的猶太人。

「沒有。」

他扶我起來，我們眞誠地親吻道別。

他太誠實，當不了一個混蛋。或許「孤兒之家」在他身上播下了善良的種子，讓他變好了？我原本以爲，他從「孤兒之家」出去後，要不就是會賺很多錢，要不就是會死在不知什麼地方。

「我的合夥人很有錢。」

「他會幫你嗎？」

「怎麼可能。」

時間流逝得真快。沒多久前才十二點，現在已經三點了。

我床上有客人。

小孟德克做了惡夢，我把他帶到自己床上。他摸著我的臉（！），然後睡著了。

他尖叫，他覺得不舒服。

「你在睡嗎？」

「我以爲自己在寢室。」

他用像猴子般的黑色圓眼睛驚訝地看著我。

「你之前在寢室。你想回自己床上嗎？」

「我會打擾您嗎？」

「你可以去睡另一邊的床，我拿枕頭給你。」

「好。」

「我會在這裡寫東西，如果你害怕，就回來。」

「好。」

他也是納丹諾夫斯基的孫子，是最小的。

雅各寫了一首關於摩西的詩。如果我今天沒讀完，他也許會覺得受辱。

我讀著他和孟諾許的日記，既開心又擔憂。他們的年齡不同，聰明程度和個性也很不同——但是他們有類似的感覺。

他們在同一個平臺，在同樣的級別。

昨天的風很強，灰塵很多，行人們都瞇著眼，把眼睛遮起來。

我有一段坐船時的回憶。

一個小女孩站在甲板上，她身後是藍寶石色的大海。突然起了一陣強風，她瞇起眼，用手遮住眼睛，但是她好奇地看了一眼，然後驚訝地發現，她人生中第一次遇到了乾淨的風。她試了兩次，然後才放心地把手撐在扶手上。風搖晃、吹拂她的頭髮。她勇敢地、驕傲地睜開雙眼，不好意思地微笑了。

世上有不帶風沙的風，但是我以前不知道這件事。我以前不知道，世界上會有乾淨的空氣，現在我知道了。

一個男孩離開「孤兒之家」時，對我說：「要不是『孤兒之家』，我就不會知道，這世上竟然有誠實、不偷竊的人。我也不會知道，人可以說眞話。我更不會知道，這世上會有公平的法律。」

這個星期天的計畫。

早上去捷爾納街三十九號，中途去找柯恩。[101]

我收到了命令，要我爲了我隱瞞斑疹傷寒的案子罰錢。一個月五百塊波蘭幣。那封信是三月中寄出的，我昨天才收到。連同今天（六月一日）我得繳一千五百塊。如果我遲交，我就得立刻繳清所有的錢，也就是三千塊或五千塊，我不記得了。

重點是，讓他們收下我的戶頭存摺，裡面有三千塊的存款。我在舒赫大道出庭的時候，他們問我，要不要由猶太人委員會來幫我繳罰款，好讓我出獄，我就和他們如此建議。

「你不想要猶太人委員會幫你繳罰款嗎？」

「不。」

那時候他們就寫下了，我戶頭中有三千塊。

忙碌的幾個星期過去了。

我沒寫作，因爲亨涅克[102]生病了，我沒什麼人可以幫我把我在夜間寫下的筆記打

101 梅契斯瓦夫·柯恩（Mieczysław Kohn, 1894-1986）醫師，猶太人委員會健康部門的主管之一。

出來。

很有趣，我相信事實就是如此，雖然我知道我可以找其他幾個男孩來幫忙打字。

如果我決定自己每天一定要寫，那情況就會完全不同。就像我在戰爭時寫《如何愛孩子》那樣，[103] 即使是在行軍中停下來休息幾個小時，我也要寫。在耶焦爾納，連華倫庭都生我的氣了。

「才寫半個小時，值得嗎？」

之後到了基輔，我也每天都寫。

而現在我的筆記本用完了。今天我又不會寫了，雖然我睡飽了，還喝了四杯濃咖啡。是用咖啡渣泡的，但我猜裡面也加了新鮮的咖啡粉。

我們自我欺騙：我沒有紙。我會來讀狄德羅的《宿命論者雅克和他的主人》。[104]

我第一次忘了，我活在人生中的第十個七年。七乘九等於六十三。

我極度不安地等待人生中第二個七年。也許我就在那時候第一次聽到這個算法。吉普賽人的七，一個星期有七天。爲什麼不是勝利的十（手指的數目？），就像在以前一樣？

我記得，我好奇地等待時鐘指向午夜十二點，等待改變發生的一刻。

曾經有過陰陽人的醜聞，我不確定是不是就在那個時候。我不知道，或是我害怕，我可能醒來後會變成女孩。如果是那樣，我決定竭盡所能隱瞞這件事。

蓋普納爾[105]已經過完了人生中的第十個七年，而我過完了第九個七年。回顧自己的人生，我在七歲這一年感受到自己的價值。我在。我有重量。我有意義。人們看得到我。我可以。我會。

102 這邊指的是在「孤兒之家」工作的亨利克・阿茲里列維奇（Henryk Azrylewicz），亨涅克（Heniek）為其暱稱。

103 第一次大戰期間，柯札克被徵召至今日烏克蘭地區當軍醫。他一開始負責野戰醫院，後來在基輔附近的兒童收容所擔任小兒科醫師，他就是在那裡寫下《如何愛孩子》的第一章。

104 譯註：《宿命論者雅克和他的主人》（*Jacques le fataliste et son maître*）是法國作家狄德羅（Denis Diderot, 1713-1784）的小說，故事關於雅克和他的主人的旅程，以及他們在旅途上談論的各種議題如宗教、階級、男女關係、小說藝術、道德等。

105 亞伯拉罕・蓋普納爾（Abraham Gepner, 1872-1943），猶太商人、社會運動者、慈善家，孤兒援助協會的活躍成員。

十四歲——我四下張望，我發現許多事，看到許多事。我的眼睛應該要打開，它們也打開了。我在十四歲時第一次想到教育改革。我大量閱讀。我有了第一批不安和焦慮。有時候我會去旅行，經歷刺激的冒險，另一些時候我過著平靜的家庭生活。我和史達赫的友情（愛）。這是我幾十個夢想中最首要的夢想：在那小鎮，他會是神父，而我會是醫師。我思考愛情，在此之前我只感覺到愛情，我愛。從七歲到十四歲，我不斷愛上不同的女孩。眞有趣，我記得她們之中很多人。一起溜冰的兩姊妹，史達赫的表親（她的祖父是義大利人），在服喪的蘇夏．卡宏，安涅卡，納文丘夫的伊蓮卡，史蒂芬茜，我爲她從薩克森花園噴泉旁的花圃摘了花。還有一個走鋼索的女孩，我爲她辛苦的命運哭泣。我會愛一個星期、一個月，有時候同時愛兩或三個人。一個女孩我想要她當妹妹，一個想當妻子，另一個想當小姨子。從十四歲開始我愛著曼妮亞（在瓦沃區，在夏天），這是那（——）的一部分，這感覺搖晃或震撼我，或是兩者交替。這有趣的世界不再是在我之外，而是在我之內。我活著的目的不是讓別人愛我、讚嘆我，而是爲了行動、爲了去愛。不是我周遭的環境有義務要幫助我，而是我有義務去照顧這個世界，去照顧人。

三乘七。在學校的七年級，在我十四歲的時候，我經歷到宗教的成熟，而在二十一歲，則是軍隊。我從很久以前就感到被禁錮。以前監禁我的是學校，而現在我則到處都感到被禁錮。我想要獲得、爭取新的空間。

（這個想法也許是在六月二十二日時浮現的，在一年中最長的一天後，每天陽光都會少三分鐘。一開始不引人注意，但是三分鐘就這樣一去不返地流失了，然後隔天又少三分鐘，再隔一天再少三分鐘。我以前會憐憫老去、死亡的人，但是現在我自己的存在也不那麼確定了，我開始爲自己擔憂。人年輕時必須盡力爭取，盡量多做一點，老了才有東西可以失去。也許就在那時，牙醫拔了我第一顆恆齒，它已經不會再長出來了。我的反抗並非針對社會條件，而是針對自然的老化。蹲下、瞄準、射擊。）

四乘七。我必須積極行動，我的知識和技術有限。我想要會，想要知道，想要不弄錯、不迷途。我應該要當個好醫師。我創造自己的模式，我不想要模仿已知的權威。

（那時情況不一樣。如今，有時候我還會覺得自己像個年輕人，眼前還有一段人生值得去規畫、開始。在人生的第二個，還有肯定在第三個七年，我有時候卻感覺自己好老，一切都一成不變，已經太遲了，不值得。確實，人生是火焰：它慢慢地變小，雖然還有很多燃料。突然，當它快要燒完的時候，它射出一道火花和明亮的光芒，然後就熄滅了。秋天也有炎熱的日子，七月也會有少見的寒冷早晨，但已經是最後一個了。）

五乘七。在人生的樂透中，我中了獎。我的號碼已經從輪子中滾出來了。我的獎品只有如此：在這一輪中我沒有輸錢，只要我不從事新的冒險。這很好，我本來可能會輸。但是我失去了得到大獎的機會——眞可惜。我的付出得到了同等的回報，很公平，很安全。但是我感到遺憾，一片灰暗。

孤獨不會讓我痛苦。我珍惜回憶。我和學校同學愉快地在隨便找到的、安靜的甜點店就著一杯黑咖啡愉快地聊天，沒有人會打擾。我沒有在尋找知心好友，因爲我知道我找不到。我不渴望知道比我所能知道的更多。我和生命訂了契約：我們井水不犯河水。我們不應該打個你死我活，再說這也沒用。在政治上的說法是：我們限縮自己的影響範圍。我和你，只到此處，不能更多，不能更進一步，也不能更高。

六乘七。可以嗎？沒有時間了，還是還有？這要看情況。我們來算一下財務狀況。這邊是擁有的資產，那邊是負債。如果可以知道人生還剩多少年，終點在哪裡就好了。我還沒在身上感覺到死亡，但我已經開始思考它。當裁縫給我縫製新衣，我不會說：「這是最後一件。」但是我知道我的書桌和衣櫃肯定會活得比我長。我和命運及自己和解了，我明白自己微小的價值和意義。沒有意外或驚奇。會有嚴寒或溫和的冬天，會有多雨和酷熱的夏天，有令人愉快的涼爽天氣，還會有暴風雨和風沙。於是我會說：我十年、十五年沒看過這樣的冰雹／水災了。我記得類似的火災，在我年輕的時候，我那時候——等等，已經是大學生了還是只是個中學生？

七乘七。人生到底是什麼？快樂是什麼？只要不比現在糟，只要像現在這樣就好。兩個七相遇了，它們親切地對彼此打招呼，很高興以這種方式、在這裡、在這樣的條件下相遇。報紙——看起來只是無腦的文學。就算是吧，但不能沒有報紙。報紙上有編輯的話，有連載小說，有訃聞、劇評和法院公告。有電影和新書廣告，有小型意外事件的報導和微不足道的啓事。重點不在於這些東西有不有趣，而是在於你可以選擇自己要讀什麼。有人被電車撞了，有人發明了什麼東西，有人的皮衣被偷了，有人被判五年徒刑。這個人想買縫衣機或打字機，那個人想賣鋼琴，或是在找有附家具的三個房間。我會說，報紙就彷彿寬敞的河道，讓訊息緩緩地流過，就像華沙底下的維斯瓦河緩緩流過一樣。

我的城市，我的街道，我常去的商店，我的裁縫——還有最重要的，我工作的所在。

只要不要更糟就好。如果可以和太陽說：「停下。」那麼這個時機就是現在。

（有一篇小論述叫〈關於人生最快樂的時段〉，誰會相信？是卡拉姆辛[106]寫的，他在俄國學校老是折磨我們。）

七乘八，五十六。時間流逝得眞快，眞的是流過去。昨天還是七乘七。什麼也沒多，什麼也沒少。年齡的差異是多麼大啊：七和十四，十四和二十一。而對我來說，七乘七和七乘八，完全是同樣的。

請不要誤解我的意思。沒有兩片同樣的葉子、兩片同樣的水滴或沙子。一個只是頭比較禿，另一個已經白髮蒼蒼了。一個有裝假牙，另一個則全裝了人造牙冠。一個戴眼鏡，另一個重聽。一個有比較多骨頭，另一個有比較多關節。但我說的是七年的差異。

我知道：我們可以把人生用五年一個階段來劃分，我們也可以看得出改變。我知道：生活條件。富裕，貧窮。成功，擔憂。我知道：戰爭，戰爭，災難。但這不是絕對的。有個女人對我說：「是戰爭讓我變得任性，我之後很難習慣。」甚至今天這場戰爭，也讓許多人變得任性。但是所有人都認爲自己活力消褪是因爲年老，沒有人覺得自己活力消褪是因爲戰爭。

多麼可怕的夢。昨天晚上我遇見了德國人，我沒戴臂章，在宵禁時刻走在布拉格區。[107] 我醒了過來。我又做了個夢。在火車裡，他們把我帶到一個車廂，只有一平方米大小，裡面已經有幾個猶太人。今天晚上又死了幾個人。死去孩子的屍體。一個在桶子裡，另一個則躺在停屍間的床板上，被剝了皮，很明顯還在呼吸。新的夢：我在爬

106 尼古拉・卡拉姆辛（Nikolaj Karamzin, 1766-1826），俄國歷史學家、作家。
107 譯註：布拉格區（Praga），華沙東邊的區域，比較貧窮，治安也不太好。

一個很容易倒的梯子，爬得很高，而父親一次又一次把一大塊淋了糖霜、裡面還有葡萄乾的蛋糕塞到我嘴裡，塞不進去的，他就把它弄碎塞進口袋。

我滿身大汗地在最危險的時刻醒來。當你覺得已經沒有出路的時候，死亡難道不正是這樣的驚醒時分嗎？

我在某處讀到：「每個人都可以找到五分鐘好好死去。」

二月——捷爾納街三十九號——簡短的筆記。[108]

當第十個人來問我要怎麼處理糖果和薑餅時，我大發脾氣。他們彷彿以為除了薑餅，沒有其他事要操心。

昨天一個去醫院截肢的男孩回來了，他的腿被截掉，因爲凍傷了。這又引起了一場騷動。每個人都覺得有義務讓我知道這件事。這些人的行爲眞是沒大腦又討厭。我還可以消化這些情緒，但是成了眾人目光焦點的那男孩呢？

彷彿這裡的歇斯底里還不夠似的。

◎

兩個有智慧、持平又客觀的線人和顧問讓人失望了，他們是：體重計和溫度計。我不再信任他們。現在連他們也會說謊。

◎

我們說：「第一組，第二組。A區，B區，C區。」我們說：「側翼（側翼還沒吃早餐）。」大家說：「U區，I區。」輪流說A組男孩，A組女孩……

這是意外？某種歷史傳統的遺跡？還是爲了嚇唬、迷惑新來的孩子？

難以判斷。

◎

108 為什麼二月的、關於捷爾納街的筆記會放在這裡（日記是寫於五月到八月），原因不是很清楚。其他柯札克寫的關於捷爾納街筆記，也有同樣的標題〈簡短的筆記〉（Skróty）。

這裡有許多男人——一下是車夫，一下是送快遞的，一下是門房或管理員。這裡也有女工、女僕、女助手、女保育老師——今天還多了女清潔管理員。她們負責不同的部門、樓層、走廊，掌管不同的鑰匙。在監獄，我根本不在乎這種瑣碎的分工，但是在這裡，這會干擾我。

很難搞清楚狀況。

◎

她們之中有人值早班，有人值午班，有人值晚班，有人生病，有人病剛好，有人發燒，有人是來臨檢的，有人來代班，有人是被派來的，有人在休假，有人被解僱了。

很難弄明白誰是做什麼的。

◎

她用驚恐的眼神看著我，然後說：「我不知道。」

彷彿她不是在這裡工作了十年，而是昨天才剛到這裡，彷彿我問的事和極地或赤道有關。

她不知道。但她我行我素，爲所欲爲。

唯一的救贖是：不要插手，不要知道這個有著一百個頭的員工組織在幹嘛。

◎

而孩子們？

這裡不是只有孩子，因爲也有些傢伙是畜生、腐肉、大便。

我發現自己濫用了這一點，我只給這些壞傢伙半匙的魚油。我認爲，在他們的墳上會長出蕁麻、牛蒡和毒芹，而不是有營養的蔬菜和花（怎麼可能）。

◎

我覺得，他們把別的機構的垃圾（包括孩子和員工）都送來這裡了。

我在這裡看到了一個從「孤兒之家」被送走的、惡毒又凶狠的智障。後來，就連德國士兵都來管他的事。我對警察說，如果富拉要回到這裡，就讓警察來當「孤兒之家」的院長，我已經準備好要拿著步槍站在門口當守衛。

是他母親把他送到這裡來的。

◎

員工：

掃煙囪的人身上一定要有污垢。

屠夫身上一定要有血跡（外科醫師也是）。

清下水道的人一定要渾身發臭。

餐廳服務生一定得深諳世故，如果不是如此，那他就會過得很慘。

我覺得自己渾身污垢、血跡斑斑，也臭氣沖天。

我深諳世故，既然我活著，我就睡覺、吃飯，有時候甚至開點玩笑。

◎

我請這些人來開會：
布魯克曼
海樂洛娃
皮哲波斯基
甘茨
里夫西茨
梅茲納
贊德[109]
給我建議吧：石灰水：好。還有什麼？

◎

戰後，會有很長一段時間，人們無法直視彼此的眼睛。這是爲了避免讀到眼神中的那些問題：「你是怎麼活下來，撐過來的？你做了什麼？」

親愛的安娜……

1. 我現在都沒在拜訪朋友了。我向人們乞討金錢、物資、消息、建議和指引，這些都不是妳口中的拜訪，而是很辛苦、侮辱人的工作。而我得逗大家笑，因為人們不喜歡陰沉的面孔。

我常去找何緬拉吉[110]一家人，他們總是會讓我飽餐一頓。那也不是拜訪。我認為，這是善心舉動，而他們認為，這是用來交換我的服務。雖然氣氛融洽、溫和、療癒，也經常很累人。

用閱讀來放鬆也開始令我失望了。這是一個危險的跡象。我瘋了——這讓我很不安，我不想變笨。

2. 我寄了五百塊。如果有什麼東西威脅著我，至少這方面，以及這個案子的威脅是最小的。一個可信、有力的好友（經驗老到的律師）在幫我盯著這個案子，沒有他的同意，我不會做任何事。

3. 我會去找人事部門的主任。我沒有輕忽過這個案子，因為它之前不存在。史蒂芬妮小姐說了什麼、承諾了什麼、做了什麼，我一無所知，因為沒有人來跟我說。我尊重這個祕密。

4. 在我卑微的理解中，我完成了我能力所及的義務。如果我有能力做到，我就不會拒絕。我沒有義務照顧派利克他們，[111]所以這項指控是毫無根據的。

---

109 亨利克・布魯克曼（Henryk Brokman, 1886-1976），小兒科醫師，戰後在羅茲大學任教。塔德烏什・甘茨（Tadeusz Ganc, 1879-1972），一九四二年後在防疫委員會工作。以薩・里夫西茨（Izaak Lifszyc, 1881-1944），小兒科醫師。馬利安・梅茲納（Marian Mayzner, 1895-1942），捷爾納街主要收容之家的院長。娜塔莉・贊德（Natalia Zand, 1883-1942），神經科醫師，社會運動者，孤兒援助協會的成員，曾經給「孤兒之家」的孩童看診。

110 何緬拉吉（Chmielarz）家的人住在捷爾納街上，他們會暗中接濟柯札克，他們的做法是邀請他到家裡來，強迫他留下來吃午餐。這個家族的所有人都被德軍謀殺了。

111 柯札克家族的遠親。

一九四二年六月二十六日

第一部結束。

我讀過了。我自己都很難理解，那讀者呢？

讀者沒辦法理解我的日記是正常的。有人能理解他人的回憶、他人的人生嗎？

看起來，我應該要毫不費力地理解我寫下的東西。

哈。有人能了解自己的回憶嗎？

◎

斯沃瓦茨基[112]留下了他寫給母親的信。這些信讓我們清楚看到他好幾年來的經歷。感謝這些信，我們可以看到斯沃瓦茨基在托萬斯基[113]影響下的蛻變。

我曾想過：

也許我應該用寫信給姊姊的方式寫這本日記。

我的第一封信會很冰冷、陌生、高傲。我的信是回應她寫給我的信。

這就是她寫給我的：

親愛的……

……

我們的誤會是如此巨大又令人疼痛。

◎

普魯斯特很瑣碎、很囉唆嗎？

喔不。每一個小時都是厚厚的一疊紙，是一小時的閱讀。

是啊。

112 譯註：尤里須・斯洛瓦茨基（Juliusz Słowacki, 1809-1849），波蘭浪漫主義詩人。

113 譯註：安傑・托萬斯基（Andrzej Towiański, 1799-1878），波蘭哲學家，宗教領袖。

你必須讀一整天，才能稍微明白我的一天。一星期又一星期，一年又一年。

而我們想要花幾個小時，付出幾小時的代價，就體驗一整段長長的人生。

沒那麼好的事。你只會在模糊的縮寫中，在輕率的草圖中，認識千百個片段中的一段。

我在希伯來文的課堂上寫下這一段。

我想到柴門霍夫。[114]他天眞又自大，想要修正神的錯誤或神的懲罰。他想要把散亂的語言重新結合成一個。[115]

停止！

分開、分開、分開，不要結合。

如果結合了，人們要做什麼？

必須填滿時間，必須讓人們有事做，必須讓人生有目標。

「學會三個語言。」

「學語言。」

「學會五個語言。」

就像現在，兩群孩子們放棄了遊戲和閱讀簡單的書籍，放棄了和朋友聊天的機會，自願來這裡學希伯來語。

當年紀比較小的那群孩子上完了課，其中一個孩子驚訝地大聲說：「什麼？已經下課了？」

沒錯。俄語是「da」，德語是「ja」，法語是「oui」，英語是「yes」，希伯來語是「ken」。這些不只可以填滿一段人生，而是三段人生呢。

---

114 路德維克．柴門霍夫（Ludwik Zamenhof, 1859-1917），波蘭猶太醫師，世界語的創始人。柯札克和他有私交，也很欣賞他。柴門霍夫也是孤兒援助協會的成員，曾經給「孤兒之家」的孩童免費看診。

115 編註：指的是《聖經》〈創世紀〉中「巴別塔」的故事。《聖經》記載人類原有共同語言，但因企圖興建通天高塔，違背了神的旨意，神便混亂人類的語言，使人們無法溝通、難以合作而停工。

第二部

今天是星期一。八點到九點，我和寄宿在這裡的青少年們談話。想要來的人都可以來，只要不打擾別人就好。

他們給了我想談論的主題：

1. 解放女性。
2. 遺傳。
3. 孤獨。
4. 拿破崙。
5. 什麼是義務。
6. 醫師的職業。

7. 阿米爾[1]的日記。
8. 醫師先生的回憶。
9. 倫敦。
10. 孟德爾。
11. 達文西。
12. 法布爾。
13. 感官與心靈。
14. 天才和他們的環境（相互的影響）。
15. 百科全書作家。
16. 不同的作家如何創作。
17. 國籍——國家。世界主義。

1 亨利·費德里克·阿米爾（Henri-Frédéric Amiel, 1821-1881），瑞士哲學家、作家，柯札克經常在他的作品中提到阿米爾。

18. 共生。

19. 邪惡和憤怒。

20. 自由。命運和自由意志。

當我編輯《小觀點》[2]的時候，青少年只對兩個主題感興趣：共產主義（政治）和性。

墮落、丟臉的歲月——道德淪喪、邪惡。戰前的日子，充滿謊言和虛偽，受詛咒的日子。

讓人不想活。

泥淖。臭氣沖天的泥淖。

然後暴雨來了。空氣變得清新。比較容易呼吸。有了氧氣。

◎

給西蒙涅克・雅庫伯維奇。

讓我給你說一個出自「怪事」系列的小故事。

我們就把這個星球稱爲「羅」好了，而主角我們就說他是教授、天文學家，或我們愛說他是什麼都好。然後，我們把「羅」星球上，Z教授進行觀察的地方稱爲工作室。

在我們那不完美的語言中，這個儀器的名字很長：天文心理顯微鏡，也就是用來測量星際微型心理活動的機器。

用我們地球人可以理解的方式來解釋：這位教授會用望遠鏡觀察宇宙，而望遠鏡會發出嗡嗡聲，告訴他宇宙的這裡和那裡正在發生什麼事。也許這個複雜的機器還會把影像投射到銀幕上，或是像地震儀一樣畫出震波圖。

這不是重點。

重點是，這個「羅」星球上的學者有能力調節心理能量，把熱輻射轉換成靈魂

2《小觀點》（*Mały Przegląd*）是柯札克在一九二六年發起的兒童週報，是兩次大戰期間最大的波蘭與猶太人報紙《我們的觀點》（*Nasz Przegląd*）的副刊。《小觀點》的主編雖然是成人，但作者都是孩童，內容也都是關於孩童的生活。

的——正確來說，道德的輻射。

嗯，沒錯。如果我們把感知及感覺的平衡和諧稱之爲道德。

還有另一個比較：他就像是一座無線電塔，只是他散發出的不是歌聲、音樂或戰爭的消息，而是靈魂秩序的輻射。他的輻射會傳到宇宙中所有的星系，不只是我們的太陽系。

秩序與和諧。

現在，這個Z教授就憂心忡忡地坐在那裡，想著：「地球不安的火花再次發酵。失序、不安、負面的情緒佔了上風，統御一切。那裡的人們過著多麼可憐、痛苦、骯髒的生活啊。他們生命中的混亂干擾了時間和印象之流……」

指針又在顫抖了，痛苦的曲線突然往上竄升。

「一，二，三，四，五。」

天文學家Z教授皺起眉頭。

「要終止這愚蠢的遊戲嗎？這血腥的遊戲？住在地球上的生物有血有淚，痛苦時會呻吟。他們不想要快樂嗎？他們是否迷失了，找不到路？他們那裡好黑，還有狂風，沙塵暴讓人什麼都看不清。」

指針快速移動，不斷畫出新的曲線。

「他們誤用鐵器來懲罰。但是他們也會帶領、教育、準備，讓靈魂得到新的收穫和領悟。」

「在遙遠火花的尖端有大洋。他們用被殺害的樹木打造了會漂流的房子，用鐵把木頭釘起來。他們是多麼地努力。他們不乖巧又笨手笨腳，但是很有天分。他們沒有翅膀，高空和大海對他們來說一定十分遼闊。」

滋，滋。

他們沒有開心、歌唱，共同努力，沒有讓線連結起來，而是把線團弄亂、扯斷。

「所以我該怎麼做？要停下這一切，爲他們指引出一條路嗎？但他們太不成熟了，這條路很困難，超出他們的能力所及，目標也遠高過於他們的理解範圍。就像他們正在做的一樣。這條路會給他們帶來不自由和暴力，會讓他們感到疲累、痛苦、受辱。」

Z教授嘆了一口氣，閉上眼。他把天文心理顯微鏡的尖端放到胸前，然後聆聽。

而在地球上，戰爭正在進行。火災，被火燒過的廢墟，戰場。人類不知道他要爲地球和地球上的生物負責，或是他知道、明白，但只爲他自己。

在「羅」（或「洛」）星球上，空間充滿湛藍，還有鈴蘭的香味及葡萄酒的甜香。輕盈的感覺就像雪花般飛旋，讓一首又一首的歌飛起來，溫和又乾淨。

我們的地球還很年輕。任何事物的開端都是痛苦又費力的。

◎

以下摘錄自孩子們交給我讀的日記。

馬賽里寫道：「我找到了一把小折刀。我要捐十五分錢給窮人。我答應了自己。」

徐拉馬：「寡婦坐在家裡哭。也許她的大兒子會帶點走私貨回來。她不知道警察射殺了她的兒子……你們知道嗎？過不久一切都會變好。」

西蒙涅克：「我父親是個爭奪麵包的戰士。雖然他一整天都在忙，但是他很愛我。」

（還有兩段令人震撼的回憶。）

納塔克：「西洋棋是某個波斯智者或國王發明的。」

梅特克：「那本我想要給它包書套的禱告書是一個紀念品，是我死去的哥哥留下來的，而他是在成人禮上，從在巴勒斯坦的哥哥那裡得到的。」

里昂：「我需要一個箱子來裝紀念品。赫許想賣給我一個法式抛光的箱子，要價三塊五。」（接下來他描述了這段複雜的交易。）

許木列克：「我用二十分錢買到了釘子。我明天會花很多錢。」

阿布許：「我如果在廁所坐久一點，大家馬上就會說，我很自私。而我希望大家喜歡我。」（我在獄中也經歷過這個問題。）

我訂了上廁所要繳費的規定。

1. 小便要抓五隻蒼蠅來繳。
2. 大便（二等馬桶，一個有洞的木桶），十隻蒼蠅。
3. 一等（有馬桶座），十五隻蒼蠅。

一個孩子問：「我可以等下再抓嗎？因爲我現在很想上。」
另一個孩子說：「去上吧，去上吧，我幫你抓。」
一隻在隔離室抓到的蒼蠅可以抵兩隻。
「如果我抓到但牠飛走了，這樣還算數嗎？」
……有抓到就是有抓到。但是蒼蠅很少。
十幾年前，在哥茨瓦沃克，[3] 幼稚園的孩子們就是這樣抓臭蟲來給我的。
團結力量大。

安樂死

教堂把出生、結婚和死亡織入儀式中。
禮拜儀式涵蓋了人一生的性靈生活，但它也間接地控制了羊群的經濟生活。
當人們揚棄了（爲什麼這麼粗魯？）童年那過小過窄、天眞、有許多補丁的衣服——羊群——教堂也擴張成各種不同的機構。

建築業不再只為神之家服務。法國率先理解到這一點，於是在巴黎立起了現代的巴別塔——艾菲爾鐵塔。

學校和世俗的大學、劇院、博物館、音樂廳、火葬場、旅館、體育場——每一棟都宏偉、美妙、乾淨、現代。

我們開始聽廣播節目，不再只聽神父的布道。

我們有了圖書館、印刷廠、書店，不只是經書或祭壇上的經卷，或賣護身符的小亭子。

醫生成了醫學雄偉的建築結構。是醫學能捍衛人們不受傳染病侵犯，而不是神父的禱告。

面對冰雹、水災、火災和傳染病——我們有國家的健保制度和其他的私人保險。

從前有施捨給窮苦寡婦的一分錢，現在有社福系統。

3哥茨瓦沃克（Gocławek）是當時華沙近郊（現在是華沙市的一部分）一個地方，「孤兒之家」在那裡有一塊地，上面有木屋。「孤兒之家」會在那裡安排夏令營，讓「孤兒之家」的孩子和其他孤兒院的孩子參加，有一段時間，那裡也有小型的收容所和幼稚園。「孤兒之家」最後一次在那裡安排夏令營是一九四〇年夏天。

雕塑和繪畫也出現在畫廊了，不只在教堂的圓頂或牆壁上才能看到。

氣象中心取代了禮拜。

醫院從教堂中脫胎而出。

所有的一切原本都在教堂裡，都是從那裡開始的。

現在是股市在控制價格，而不是教堂前的廣場。

我們邀請專家召開國際會議，編輯雜誌，而不是寫信、互相拜訪和討論，也沒有利未人[4]的宴會了。

外交阻止戰爭爆發的效力和禱告一樣有用。

刑法、民法和商業法取代了十誡和十誡無數的註解。

監獄——以前是修道院。判決——以前是逐出教會。

現代人成熟了，但沒有變得更有智慧，也沒有變得溫和。

以前所有的都在教堂裡，所有高尚、隆重、有智慧、美麗、有人文、有人性的一切，在那之外只有拉著車的牲口，馴順、過勞、無助。

但即使是在今天，當文明的發展來到了頂端，我們依然把最重要的事託付給教堂的儀式：受洗、結婚典禮、喪禮（爲了那些留下來的生者）。

不久之前，就在昨天，人們的會議桌上出現了這樣的議題：人口或出生控制，完美婚姻，還有——安樂死。

愛著並且痛苦的人有權利因爲同理心而殺人——當他自己也不想活了的時候。不用幾年，這樣的未來就會到來。

流傳著一句奇怪的諺語：「吉普賽人爲了朋友，一起被吊死都甘願。」

當姊姊從巴黎回來，我向她提議一起自殺。我不是因爲人生破產才有這樣的想法或計畫，正好相反，我只是覺得在世上、在人生中都找不到屬於我的地方。

那我又是爲了誰繼續活了這十幾年？也許，也許是因爲，我沒有再次向她提起這件事。我們缺乏共識，所以交易沒有成功。

---

4 利未人是雅各的兒子利未的後代，他們的職責是侍奉神。不過，在這裡的意思是「被遴選的守門人」。

當我在艱困的時刻，衡量讓隔離區中必死無疑的嬰孩和老人安樂死的可能性時，我明白到，對於病人和弱者來說，這是謀殺，是對無意識的人的暗殺。（一個癌症收容所的護士說，她總是會放一瓶藥在病人的病榻旁，然後說：「不要喝超過一匙，因爲這是毒藥。一匙可以止痛，就像藥一樣。」多年來，沒有一個病人用藥過量。）

在未來，這事會如何發展？

政府單位會出面管控，不然還有別的路嗎？完善打造的政府單位，有著寬廣的大廳、小房間和辦公桌。員工包括律師、醫生、哲學家、商業顧問，來自不同年齡層，各有各的專業。

想安樂死的人會提出申請。每個人都有權利。也許會有人數限制，避免人們不假思索就提出申請，或只是虛情假意、做做樣子，只爲了利用政府或欺騙自己的家人。

有些人可能會試圖利用安樂死當作施壓的手段。

「愛妻，回到我身邊吧，妳看，我都提出了安樂死的申請了。」

「爸爸，給我錢，讓我快快樂樂地活著吧。」

「如果你們不讓我通過高中聯考，你們會一輩子良心不安。」

所以：申請表一定要用某種特定的紙，而且用希臘文或拉丁文寫成。提出申請時，也要提出證人的名單。也許會有印花稅，分四期（四季）繳交，或者三個月，或者七週。

申請表上一定要有動機：「我不想活了，因爲生病，因爲財務上的災難，因爲厭惡人生，因爲活膩了，因爲父親／兒子／朋友讓我失望。」

「我請求安樂死在一週內儘速執行。」

有人蒐集過資料嗎？關於集中營、監獄、被判死刑（或有被判死刑威脅）的囚犯、即將上場激戰的士兵、股市和賭場員工的經驗、告解、信件、回憶錄？

申請已被接受，形式上的手續也完成了，現在要開始用法庭的嚴謹規格審理這個案子。

醫師檢查，心理諮商，也許會有告解，也許會有心理分析。

和證人的額外會談。

確定時程和改變時程。

和專業人士及鑑定人士的會談。

拒絕通過，或延遲通過，或是安樂死的測試。有些人一旦嘗過一次自殺的美妙和狂喜，到白髮蒼蒼之年都不會嘗試第二次。

據說，加入共濟會的其中一個測試，就是讓被測試的人躍入未知（但不會眞的讓他跳下去）。

執行地點——這邊是我獨創的發明——必須要等可以取消的時間過了之後，才能執行。

所以：

「去這裡或那裡——在那邊你會得到你所要求的死亡。」

「你的請求會在十天後實現，在早上/晚上（……）點。」

「我們懇請陸上、海上、空中的政府機構提供協助。」

我看起來在說笑，但我沒有。

有些事，就像躺在人行道上、渾身是血的乞丐。爲了不去看他，人們會繞到路的另一邊，或是轉過頭。

我也會這麼做。

但如果是談到大的議題，而不是一個死於饑餓的乞丐，那就不能這麼做。這不是關於一個或一百個戰亂下的窮光蛋，而是會影響一整個世紀的幾百萬人口。

我們必須正視這個議題。

我的人生很艱苦，但是很有趣。我年輕時，就是請求神給予我這樣的人生。

「神啊，請給我一段辛苦，但是美麗、豐富、高尚的人生。」

當我得知，斯沃瓦茨基也曾經這麼做，我感到難過。這竟然不是我的發明，在我之前已經有先驅了。

十七歲的時候，我甚至開始寫一本叫做《自殺》的小說。主角憎恨人生，因爲他害怕自己會發瘋。

我極度恐慌地害怕精神病院，我父親曾多次被送進那裡。

所以我是瘋人的孩子。所以我背負著遺傳這個重擔。

幾十年來，直到現在，這個想法都會三不五時浮現，折磨著我。

我太愛自己的瘋狂了，愛到我無法不怕，會有人違背我的意志，想辦法要治療我。

這邊我應該寫：第二部。不。這一切都是一體的，只是我太囉唆了，但我沒辦法更精簡。

一九四二年七月十五日。休息一星期不寫，看起來完全沒必要。我在寫《如何愛孩子》時也有同樣的感覺。有時候我在行軍停下來休息時寫，在草地上，在松樹下，坐在樹墩上。所有的一切都很重要，如果我不寫下來，就會忘掉。對人類來說，這會是無法彌補的損失。有時候，我會停筆一個月：爲什麼我要在這裡耍笨？有智慧的事，已經有百人知道了。當適當的時刻到來，他們會告訴你什麼是重要的，然後去實踐它。不是愛迪生做出了他那些發明，那些發明就像晾在曬衣繩上、在陽光下晾乾的衣服，愛迪生只是把它們從繩子上拿了下來。

巴斯德也是，裴斯泰洛齊也是。答案一直都在，只是要把它說出來。每個議題都是如此。

如果不是這個人，就會是那個人先登上太空。

有好長一段時間，我無法理解今天的孤兒院和之前許多孤兒院，還有我們之前那間孤兒院有什麼差別。

孤兒院——軍營——這我知道。

孤兒院——監獄——這我也知道。

孤兒院——蜂巢，螞蟻窩——不。

「孤兒之家」現在是老人之家。現在在隔離室有七個房客，三個是新來的。他們的年齡從七歲的孩子到六十歲的阿茲里列維奇都有。阿茲里列維奇在喘，坐在床上，兩腿懸掛在半空，手靠著椅子的扶手。

孩子們早上的談話和量體溫有關。我發燒幾度，你發燒幾度，誰感覺比較糟，誰前一晚睡得怎樣。

看起來簡直像是給任性、熱愛自己疾病的有錢病患住的療養院。

里昂生平第一次昏倒了。現在，他正在尋找自己昏倒的原因。

孩子們像夢遊患者般晃來晃去。他們只有表面上是正常的，而在表象底下，藏著疲累、厭惡、憤怒、反抗、不信任、悲傷和渴望。

他們的日記嚴肅得令人痛苦。爲了回應他們的信任，我也和他們分享我的感覺，就像對待平輩。我們有共同的經歷——他們的和我的。我的也許比較多水、稀釋，但除此之外是一樣的。

我昨天在清點票數時，明白了捷爾納街員工團結的本質。

他們彼此憎恨，但是沒有一個人會讓別人動另一個人。

「不要來管我們的閒事。你這個外人、敵人。即使有什麼東西對我們來說是有好處的，那也只是在表面上如此，而且會造成損害。」

最犧牲奉獻的護士維特林[5]死了。肺結核。

朗多[6]——維特林。兩個——一個在學校工作，一個在隔離室。「世上的鹽」[7]溶解了——留下肥料。

從中會長出什麼？

「好好地過一天，比寫一本書難。」[8]

每一天——不只是昨天——都是一本書，一疊厚厚的紙，一個足夠用許多年的章節。

人的一生還眞是長得不可思議。

---

5 阿瑪莉亞・維特林（Amalia Wittlin），捷爾納街上的主要收容之家的護士。

6 朗多是主要收容之家的女老師，在一九四一／一九四二年間被射殺。

7 譯註：「世上的鹽」指的是好人、可以發揮影響力的人，這個典故出自〈馬太福音〉，耶穌對門徒說：「你們是世上的鹽。鹽若失了味，怎能叫它再鹹呢？以後無用，不過丟在外面，被人踐踏了。」

8 出自波蘭詩人亞當・米茲凱維奇的〈雅各・波墨、安格魯斯・西流修斯和聖馬丁的格言和提醒〉（Zdania i uwagi z dzieł: Jakuba Bema, Anioła Ślązaka (Angelus Silesius),Sę-Martena）。雅各・波墨（Jakob Böhme, 1575-1624）是德國哲學家、基督教神祕主義者，安格魯斯・西流修斯（Angelus Silesius, 1624-1677）是德國神父，神祕及宗教詩人，路易・克勞德・聖馬丁（Louis Claude de Saint-Martin, 1743-1803），法國哲學家。

聖經的計算並非無稽之談：瑪土撒拉真的活了將近一千年。[9]

一九四二年七月十八日晚上。

上次我們去哥茨瓦沃克舉辦夏令營的第一週，在吃了一個成分不明、做法也不明的麵包後，孩子們和部分員工都集體食物中毒了。

腹瀉。夜壺中的糞便都在沸騰了，黑黑糊糊的表面浮起了泡泡，然後泡泡破裂時，散發出又甜又腐爛的臭氣，不只污染空氣，也滲入喉嚨、眼睛、耳朵、腦袋。

現在也有類似的狀況，只是症狀是嘔吐和水便。

一整晚折騰下來，男孩們總共拉出八十公斤的糞便，也就是一個人脫水一公斤左右，而女孩們則總共拉了六十公斤（比男孩少一點）。

孩子們的消化系統在高壓中運作，一點小小的東西都會引起災難爆發。也許是痢疾疫苗（五天前打的），也許是星期五的「肉醬」用了不新鮮的蛋，又混了胡椒粉（根據法國食譜）。

隔天，男孩們的體重沒有恢復，連一公斤都沒有。

我幾乎是在全黑之中幫助這些嘔吐、呻吟的孩子——我給他們泡了一壺又一壺的石灰水（用來刷牙的石灰泡的），誰想喝多少就喝多少。有些人我則給他們藥品（用來止頭痛），最後——給員工少量的嗎啡。我給一個因為歇斯底里而心跳停止的新來孩子注射了一針咖啡因。他母親有腸潰瘍和直腸脫垂的毛病，在沒給孩子找到收容所之前，她無法放心死去。而孩子呢，則是在母親沒死之前，無法放心去收容所。最後孩子妥協了，而母親也順利死去，但孩子陷入良心不安。在生病時，他會模仿母親的樣子：呻吟（哀嚎）說他痛，說他要窒息了，然後說他好熱，最後則說他要渴死了。

「水！」

我四下巡房。他的歇斯底里會引發集體恐慌嗎？有可能！

孩子對管理者的信任戰勝了恐懼。孩子們相信，既然醫生很冷靜，就沒什麼好害怕的。

我其實沒那麼冷靜。但是我對那個不聽話的病患大吼，威脅要把他丟下樓梯，這

9譯註：瑪土撒拉（Methuselah），聖經人物，亞當第七代子孫，據說在世上活了九百六十九年。

證明了我身爲舵手的自信。這很重要。孩子們覺得：醫生大吼，就表示他知道他在做什麼。

隔天，也就是昨天，我們有一場表演，是泰戈爾的《郵局》。[10] 觀眾們很欣賞演出，大家熱情握手、微笑、誠摯地討論。（會長夫人[11] 在表演結束後來探望了「孤兒之家」，然後說雖然這裡很擁擠，但是天才柯札克讓大家看到，你可以在老鼠洞內創造奇蹟。）

這就是爲什麼她把寬敞的宮殿留給了別人。

（我想起在哥切斯卡街的工人之家，那場鋪張的幼稚園開幕典禮。另一個女人莫許奇茨卡[12] 也有去。）

他們眞是好笑。

如果昨天的演員在今天繼續前一天的角色，那會怎麼樣？

葉基會認爲，他眞的是法基爾。[13]

海因馬眞的是醫生。

阿德克則是國王的市長。

（也許這可以用在星期三，作爲和寄宿青少年聊天的主題：「幻覺」。幻覺在現實生活中扮演的角色……）

我現在要去捷爾納街了。

同一天，午夜。

如果我說，這輩子我從沒寫過一行我不想寫的東西，這會是事實。但是同樣眞實的情況是：所有我寫下的東西，都是被迫的。

我小時候是一個「可以自己玩好幾個小時」的孩子，一個「看不出來這個家竟然

---

10 一九四二年七月十八日，「孤兒之家」的孩子們在艾絲特拉·維諾哥羅（「孤兒之家」員工）的指導下，演出了泰戈爾的劇作《郵局》。

11 指的是費莉茨亞·切涅克夫（Felicja Czerniakow, 1887-1950），華沙猶太區猶太人委員會會長亞當·切涅克夫（Adam Czerniakow, 1880-1942）的妻子，在猶太區中，她積極參與照顧孤兒的活動。

12 瑪麗亞·莫許奇茨卡（Maria Mościcka, 1896-1979），自一九三二年後是波蘭總統伊格納齊·莫希奇茨基（Ignacy Mościcki, 1867-1946）的第二任妻子。

13 譯註：法基爾（Fakir），伊斯蘭蘇菲派修士，發誓守貧、禁慾。

有小孩」的孩子。

我六歲就得到了積木，我十四歲後就不再玩它們。

「你不丟臉嗎？你都那麼大了。你可以去做一些有用的事。去讀書。積木——也是。」

十五歲時，我開始瘋狂地大量閱讀。眼前的世界消失了，只有書存在……

我和很多人說話，和同輩、比我大的孩子，還有大人。我在薩克森花園[14]有許多年長的夥伴。他們對我「感到驚嘆」。「哲學家。」他們這麼說我。

我只和自己對話。

因爲說話和對話是兩回事，就像換衣服和脫衣服是兩回事。

我在獨自一人時脫下衣服，我也在獨自一人時對話。

十五分鐘前，我在亨涅克·阿茲列維奇身邊結束了一段獨白。生平第一次，我堅定地說：「我有研究者的心靈，而非發明家的心靈。我是爲了知道才研究嗎？不是。我是爲了尋找答案、追根究柢而研究的嗎？也不是。或許我研究，是爲了問更多更多的問題。我問人們問題（嬰兒、老人）、問事實和事件問題，問命運問題。我沒有尋求答案的野心，我想要讓問題帶領我到新的問題，不一定得關於同一個主題。」

母親說：「這男孩沒有野心。他什麼都無所謂，不管吃什麼、穿什麼、和同樣階層的孩子玩耍還是和門房的孩子玩。他和小小孩玩也不覺得丟臉。」

我問我的積木，問小孩、大人，他們是什麼。我不弄壞玩具，我不在乎爲什麼躺著的娃娃眼睛是閉上的。我不關心機械的原理，而是事物的本質——事物本身，事物爲它自己而存在。

寫日記或履歷表時，我的義務是說話，而非對話。

回到安樂死。

自殺者的家庭。

可以訂購的安樂死。

14譯註：薩克森花園（Ogród Saski），建立於十七世紀，原本是皇家花園，後來開放給公眾，是世界上最先開放給公眾使用的公園之一。

瘋狂、被褫奪公權——無法爲自己做決定。

必須要有一部法典，包含一千條法條。生命會規定出法則。最重要的準則：可以這麼做，必須這麼做。

在美麗、安詳、彷彿童話中的遙遠無人島，在漂亮的旅館、民宿，自殺者左思右想：究竟人生值不值得活？

下決定需要幾天，需要幾個星期？要像今天那些有錢人一樣活著嗎？也許去工作？

旅館員工。值班。在花園工作。停留時間？

「他去哪了？」

「他走了。」

去鄰近的島，或是去了海底。

還是要說：「死刑將在一個月後執行，即使那將違反您的意志，因爲您簽了合約——和機構、和塵世的合約。如果您太晚後悔，那就太糟了。」

或是死亡——這解放將在夢中來到，在酒杯中，在舞蹈（伴隨著音樂）中，或是突然、出乎意料地來到。

「我想死，因爲我愛。」

「我渴望死亡，因爲我恨。」

「讓我死吧，因爲我既不會愛，也不知道怎麼恨。」

這一切都是存在的，只是在愚蠢、骯髒、充滿尖銳疼痛的混亂中。

爲了金錢的利益、爲了舒適、爲了輕鬆而提供的死亡。

和死亡有關的最強烈的議題：絕育、避孕和墮胎。

「在華沙，你可以有一個孩子，在小鎮兩個，在鄉村三個，在邊疆四個，而在西伯利亞十個——選擇吧。」

你可以活著，但沒有孩子。

你可以活著，但不能娶妻。

「自己賺錢，只爲自己繳稅。」

「你可以有伴侶，從這十個/一百個女孩中選一個吧。」

「你可以有兩個雄性。我們允許你有三個雌性。」（鋼鐵機器運作著，給你空間、設備、食物、衣服。你只需要安排這些東西。）新的耕作法及畜牧方法出現了，或是新的合成產品，或是殖民以前無法殖民的地方——赤道和極地。可以把世界上的人口增加到五十億。

我們會和新的行星交流。殖民火星，或許月球會接受新的移民。也許我們會更有效率地和遙遠的鄰居溝通。所以，會有和你我相像的一百億人。

地球會決定誰、要去哪裡、還有多少。

現代戰爭是一場天眞但不誠實的槍林彈雨。更重要的是，這是一場巨大的多國遷移。

俄國的方針：混雜和交錯。德國則專注於和彼此相似的膚色、髮色和鼻子形狀，以及頭骨和骨盆的大小。

今日的專家在無業中窒息。醫生和牙醫絕望地尋找飯碗。

沒有扁桃腺需要切除，沒有闌尾需要割掉，沒有蛀牙需要塡補。

怎麼辦？怎麼辦？

有酮症。有幽門痙攣。有心絞痛。

如果我們發現，肺結核不只可以治癒，而且只要打一針（靜脈注射、肌肉注射或皮下注射）就可以？

梅毒——六〇六。[15] 肺結核——二五〇〇。醫生到時候要做什麼？還有護士？

如果我們用一滴瓦斯取代酒精呢？第三號機器——十塊錢。五十年保固。使用說明請見包裝。可以分期付款。

一天兩顆藥丸，就可提供人體需要的養分。廚師和餐廳將何去何從？

世界語？所有的民族和方言都只需要一份報紙就好。語言學家如何維生？還有更重要的，翻譯和外語老師呢？

電臺會比今天更進步。即使是最靈敏的耳朵，也無法分辨現場演奏的音樂和「盒

15 灑爾佛散（Salvarsan），又名六〇六，是在二十世紀初期被用來治療梅毒的藥物。下文的二五〇〇應該指的是治療肺結核的藥物或疫苗。

中保鮮」的旋律。

即使是今天，我們都已經需要災難，好讓一個世代（僅只一個世代）有工作做，有目標可追逐，那麼未來會如何？

不能這樣，親愛的。因爲會有前所未見的停滯，聞所未聞的沉悶，以及未曾有人感受到過的厭憎。

一個小說主題：明天電臺會開始一場年度最佳小提琴的競賽，選手會演奏交響曲或非交響曲。

全世界都在收聽。

這是一場聞所未聞的奧林匹克。

來自鸚鵡島的小提琴手的支持者極度不安地等待。

最後一夜。

他們的偶像輸了。

那些人自殺了，因爲無法承受偶像的失敗。

契訶夫曾寫過一篇小說：一個十歲的保母想睡覺，於是把哭叫的嬰兒悶死了。可憐的保母，她沒有別的路。我找到了方法。我聽不見那惱人的咳嗽聲，我忽視老裁縫明顯帶有敵意的、挑釁的舉止。

我聽不見。凌晨兩點。寂靜。我上床就寢，準備睡五個小時，白天我會再補眠。

我想要讓我的書寫更有條理。這會很困難。

一九四二年七月二十一日。

明天我就滿六十三或六十四歲了。我出生後，我父親過了好幾年才幫我辦出生證明。我好幾次因此感到十分痛苦。媽媽說這是不可饒恕的疏忽，身爲律師，父親不應該拖延出生證明才對。

我的名字是從爺爺那邊來的，爺爺的名字是赫許（希爾許）。[16]父親有權利叫我亨利，因爲他自己也被取名爲約瑟夫。再說，爺爺也給其他的孩子取了基督教的名字：

16柯札克的爺爺叫赫許·哥德施密特（Hersz (Hirsz) Goldszmit, 1804/5 -1872），是一名外科醫師和社會工作者。

瑪麗亞、瑪格達蓮娜、路德維克、雅各、卡洛。但是爸爸還是遲疑不決，以至於拖延了。[17]

我應該多花點篇幅寫父親的事：我這輩子都在實現他努力實現的，還有我爺爺如此費力、花了這麼多年實現的。

還有母親我也該寫。也許我之後會寫。我是母親，也是父親。感謝這一點，我知道許多事，也明白許多事。

我的曾祖父是個玻璃工人。我很高興：玻璃帶給人溫暖和光亮。

出生和學習怎麼活是件難事。我剩下的任務比這簡單許多：死亡。死後的生活可能又會很辛苦，但是我不去想這些。我剩下最後一年、一個月還是一小時？

我想要有意識、清醒地死。我不知道我會說什麼話和孩子們道別。我渴望和他們說，也只想說這些：他們有完全的自由去選擇自己要走的路。

十點。槍聲：兩聲，幾聲，兩聲，一聲，幾聲。也許我的窗戶剛好沒有遮好？

但是我沒有停筆。

正好相反：我的思路（一聲槍響）變得更清晰了。

一九四二年七月二十二日。[18]

所有的一切都有界線，只有自大無恥是無限的。

政府下令清空史達夫基街上的醫院。而札拉茲那街醫院的女院長得接收來自史達夫基街醫院的重症病患。

該怎麼辦？這決定來得太倉促，必須立即做出反應。

海樂洛娃和克魯許丘[19]那裡有一百七十五個健康的孩子，他們決定把三分之一的孩子安置在我這裡。這裡有超過十五家收容所，但是「孤兒之家」比較近。

而在過去半年，海樂洛娃犯下了所有可能的、一個醫生可以對病患犯的錯誤。她

17 譯註：亨利（亨利克）、約瑟夫等名字都是基督教的名字，猶太人給自己的孩子取基督教的名字，是為了讓他們更能融入波蘭社會。

18 華沙大行動（Großaktion Warschau）開始的當天。從一九四二年七月二十二日到一九四二年九月二十一日，德軍驅離猶太隔離區的猶太人，表面上的說法是讓他們「遷至東方」，實際上是用火車把他們送到華沙附近的特雷布林卡滅絕營殺害，柯札克和他孤兒院的孩子們，也在八月被送到滅絕營。在行動期間，有將近二十六萬猶太人被送走。

19 亨利克・克魯許丘（Henryk Kroszczor, 1895-1979），柏爾森與包曼猶太兒童醫院的行政主任。

爲了方便舒適，出於頑固和愚蠢，用她撒旦般的小聰明，對抗我具有人性的、容易執行的計畫——這件事就不重要了？

我不在的時候，艾略斯伯格小姐[20]允諾了這件事，而史蒂芬妮小姐則無恥地執行了這項對他們及我們的孩子來說，都有害且傷人的要求……

我想朝他們吐口水然後一走了之。我從很久以前就有這樣的想法。更多——我感覺像在圈套——腳上像是綁了鉛一樣重。

（我又寫得讓人看不懂了。但是我太累了，沒有力氣詳述。）

阿茲里列維奇今早死了。喔，活著眞是辛苦，死去是多麼容易啊。

一九四二年七月二十七日。

昨天有彩虹。

月亮高高懸掛在流浪者的營帳上方，又大又美妙。

爲什麼我不能安撫這不幸、瘋狂的社區？

只要一段簡短的演說。

政府也許會同意。
最糟的結果也只是禁止。
這是公開透明的計畫：
做出聲明吧，選擇吧。我們沒有輕鬆的道路可讓你們選。必須暫時放棄橋牌和日光浴，還有用走私客的鮮血換來的美味午餐。
選擇吧：要不就離開，不然就留下來工作。
如果你們留下，你們就必須爲那些被強制遷移的人製造物品。
秋天要來了。他們會需要衣服、鞋子、內衣、工具。
若是有人想要說謊，我們會把他揪出來。若是有人想用錢收買，我們就會把他的珠寶、外幣和所有値錢的東西沒收。當他已交出自己所有的財產（手腳要快）我們會

20史黛拉・艾略斯伯格（Stella Eliasberg, 1879-1963），社會運動者，孤兒援助協會的創始成員之一，負責決定「孤兒之家」是否要收容某名孩童。

再問他一次：「你想在這裡還是那裡？你想要——你到底想要什麼？」

只要不是沙灘、橋牌、讀完報紙打個甜美的盹就好。

你是個社會工作者？很好。你姑且可以假裝，我們也姑且會假裝我們相信你。只要情況還可以，我們也還方便，我們就相信。對不起，不是方便，而是根據計畫。

我們在做一筆超大的生意，它的名字叫戰爭。我們根據計畫工作，訓練有素，按部就班。你們那渺小的利益、野心、多愁善感、任性、憤怒、悲傷和渴望，我們一點都不在乎。

當然——母親、丈夫、孩子、老女人——有紀念價值的家具，最喜愛的食物，這一切都很美好、善良、感人。但是現在有更重要的事。有空的時候，我們會回到那些事物上頭。

在此同時，爲了不要拖拖拉拉，我們的手段必須粗魯點，甚至令人痛苦。特別是，我得說，也顧不了精確、優雅和正確。得大刀闊斧地處理眼前的事，才能趕得上。

你們自己也嘆著氣說，希望這一切趕快結束，我們也希望如此，所以就不要妨礙我們。

猶太人要到東邊去。沒什麼好討價還價。這和你有沒有一個猶太人奶奶無關，[21]而是和哪裡比較需要你有關——你的手，你的腦、你的時間和生命。奶奶不是重點，我們只是得找到某個準則，某個關鍵，某個密語。

你說你不能去東方，你會死在那裡——那就選一個別的地方。你獨自一人，你必須承擔風險。畢竟表面上，我們必須做做樣子，必須妨礙你、威脅你、追趕你、不情願地懲罰你。

你抱著新的、裝滿錢的皮箱拚命跑來跑去。我們沒時間也沒心情這麼做。我們不是在玩戰爭遊戲或為了好玩而打打殺殺，而是受命經營這場戰爭，盡量有效率、顧及所有細節，還有在可能範圍內誠實。

這工作既不乾淨，也不令人愉快，更不芬芳。所以我們必須寬容對待那些目前我

21根據一九三五年通過的反猶太法律，紐倫堡法案（Nürnberger Gesetze），一個人的祖父母四人中全部或有三個是猶太人，這個人在法律上就是猶太人，會被褫奪德國公民權。

們還需要的員工。

一個喜歡伏特加，另一個喜歡女人，第三個喜歡當老大，還有一個則相反，他生性膽怯，缺乏自信。

我們知道：錯誤，缺點。但是他們及時提出申請了，而你則在說空話、拖拖拉拉。對不起，但是火車必須按照預先排定的時間啓程。

軌道在此。

義大利人、法國人、羅馬尼亞人、捷克人、匈牙利人往這邊走。日本人、中國人、甚至索羅門群島的人、甚至食人族，往那邊去。農民、高拉爾人[22]、中產階級、知識分子。

我們，德國人——我們不在乎招牌，我們在乎的是錢，和產品的命運。我們是鐵做的滾筒，是犁，或鐮刀。只要能讓麵粉變成麵包就好。我們會有麵包的，只要你們不妨礙我們。你們不准妨礙我們。我們也不允許你們發出哀鳴、生氣或散播傳染病。有時候，我們甚至可能會短暫地同情你們，但我們必須用皮鞭、用棍子或鉛彈——因爲我們必須建立秩序。

一張海報。

「誰要是做了這個或那個——槍斃。」

「要是有誰不做這個或那個，我們會槍斃他。」

有人自己找死。自殺？沒辦法。

另一個不怕死。嗨，你想當英雄嗎？

就讓他的名字閃耀——但他得讓路，畢竟沒有別的辦法。

第三個人害怕，他嚇得臉都白了，他不斷尋求解脫，去抽菸、喝酒、找女人。他很頑固，想要照自己的方式來。我們該怎麼處置他？

猶太人很有貢獻，而且很有天分。摩西、耶穌。他們也很勤勞。海涅。他們是古老的民族，有許多進步的文明。史賓諾沙。他們發明了酵母，他們是第一個，他們犧牲奉獻——這都是事實。[23]但是除了猶太人，別的民族也有很多偉人，也做出了許多貢

22譯註：高拉爾人（Górale），波蘭境內居住在高地上的少數民族。

23編註：海因里希·海涅（Heinrich Heine, 1797-1856），德國浪漫主義詩人、作家、記者。巴魯赫·史賓諾沙（Baruch Spinoza, 1632-1677），荷蘭哲學家，啟蒙運動先驅。

獻。

猶太人很重要，但是之後——你們明白，未來。當然，我們知道，我們記得過去。他們很重要，但不是唯一。

我們不怪罪。同樣的情況也發生在波蘭人身上，甚至同樣的情況現在也發生在波蘭、巴勒斯坦、馬爾他和瑪爾塔〔？〕身上，還有尊貴的普羅大眾，還有女人和孤兒，還有軍國主義，還有資本主義。但是我們無法一次處理所有的事。必須要有先後順序，還要有某種秩序。

對你們來說很辛苦，對我們來說也不容易。更糟的是現在沒有櫥櫃了，以前想要逃避沉重的辯論時還可以躲到那裡。

兄弟，你必須聆聽歷史的宣言，關於新的章節。[24]

一九四二年八月一日。

當馬鈴薯葉長得太茂盛時，就要用一個沉重的滾筒把它們壓過去，這樣地底下的果實才能有時間長得更好。

馬可．奧理略[25]是否有讀過所羅門的箴言？他的日記是多麼療癒人心啊。

◎

◎

我恨，或者，我只是試圖反抗特定的那幾個人。海樂洛娃，還有吉特勒。[26]我不控訴德國人：他們只是在工作，或者說，他們有邏輯又有效率地計畫，他們必須憤怒，因爲人們妨礙他們，愚蠢地妨礙他們。

24 在《猶太隔離區日記》早期的版本中，在「新的章節」和「一九四二年八月一日」之間，還有一篇名為〈為什麼我收走了盤子？〉的文章，這篇文章應該是在戰後被誤植。

25 譯註：馬可．奧理略（Marcus Aurelius, 121-180），羅馬帝國五賢帝時代最後一個皇帝，著有《沉思錄》。

26 約瑟夫．吉特勒（Józef Gitler, 1898-1990），律師，社會運動者，猶太孤兒與棄兒聯盟照顧中心（Centos）的主管之一，後改姓巴斯基（Barski）。

我也妨礙他們。他們甚至是寬宏大量的。只是他們會「抓人」然後叫你站在原地，不要在街道上四處遊蕩，不要礙事。

他們這麼做對我來說是好的。如果我到處晃來晃去，我可能會被流彈打中。而現在我則安全地站在牆邊，可以平靜、專注地看著這一切，想著各式各樣的事。

我想著。

◎

一個老猶太人留在了梅希涅茨。[27]他拄著拐杖，走在馬車、馬匹、哥薩克人、大砲之間。把一個瞎眼的老人留下，是多麼殘忍啊。

「他們想要帶他走。」娜絲特卡說：「但是他堅持不走，因爲總得有人留下來看守教堂。」

我會認識娜絲特卡，是因爲我幫她找一個士兵拿走的桶子。那士兵本來要拿來還的，但是他沒還。

我是那瞎了眼的老猶太人，也是娜絲特卡。

◎

床上好軟，好溫暖。起床對我來說會是件難事。但是今天是星期六——星期六我會在早餐前給孩子們量體重。有史以來第一次，我對本週的結果不感興趣。他們應該要長胖。（我不知道爲什麼昨天晚餐孩子吃生的胡蘿蔔。）

◎

阿茲里列維奇走了後，現在他的床位上睡的是年輕的尤里克。他的「肺積水」是出於別的原因，但是他呼吸也有困難。

27柯札克關於第一次世界大戰的回憶。

同樣的喘息，同樣的動作、手勢還有對我的憤怒，同樣的自私以及想要引起我注意的表演慾，也許甚至還有報復的心態——因爲我沒在想他的事。

今天是尤里克一個星期以來第一個睡得好的夜晚，我也是。

◎

我也是。自從白天給我帶來這麼多充滿敵意、陰沉的印象和經驗，夢就遠離我了。

平衡的法則。

累人的白日，撫慰人心的夜晚。順利的白日，擾人的夜晚。

我可以寫一篇關於羽絨被的論述。

農民和羽絨被。

普羅大眾和羽絨被。

我已經很久沒有祝福世界了。[28]我今晚嘗試祝福——但是失敗了。我甚至不知道我哪裡做錯了。淨化的呼吸還算可以，但是我的手指很虛弱，沒有能量從指間流過。

……我相信效果嗎？我相信，但不是我的。印度！神聖的印度！

◎

社區的樣貌改變了。

1. 犯罪天堂。

◎

28柯札克是個很虔誠的人，但是他沒有特定的宗教信仰，而是從許多傳統和信仰中汲取靈感，如基督教、猶太教、神智學、東方信仰。

2. 疫區。

3. 求偶場。

4. 瘋人院。

5. 賭場。摩納哥。[29]籌碼——人頭。

◎

最重要的是，這一切以前就存在了。

懸在犯罪活動和醫院之間的底層窮人。奴隸的工作：不只是出賣肉體，還出賣尊嚴，童貞。

墮落的信仰、家庭和母職。

所有靈魂的善良價值都被拿來交易。股市記下良心的價值，匯率是浮動的，就像今日洋蔥和人命的價格。

孩子們活在永恆的不安中，活在恐懼中。「猶太人會把你抓走。」「我會把你送給乞丐。」「他會把你裝在袋子裡帶走。」

孤兒。

老年的墮落和道德的萎縮。

（以前要活到老，得好好工作，健康也是一樣。而現在生命力和歲月可以用買的，混球也可以活到白髮蒼蒼。）

艾絲特卡小姐。

艾絲特卡小姐不想要開開心心地活，也不想要過容易的生活。她想要活得美麗——擁有美麗的人生。

她給了我們《郵局》的演出，作爲暫別的禮物。

如果她現在不會回到這裡，那我們之後會在別處相見。我相信，她在這段期間會服務其他人，就像她在「孤兒之家」給我們帶來美好和有用的事物。

29譯註：摩納哥（Monaco），位於歐洲的城邦國家，經濟來源為蒙地卡羅賭場盈利和觀光收入。

◎

一九四二年八月四日

1

我在澆花，給這孤兒院可憐的植物，猶太孤兒院的植物澆水。乾涸的大地舒了一口氣。

有一個守衛兵在觀察我的工作。我在早上六點這和平的舉動是會惹惱他，還是會讓他感動呢？

他站在那邊看，兩腿大大張開。

2

讓艾絲特卡回來的努力都失敗了。我不確定，如果成功了，我是在幫她，還是在傷害她？

「她掉到哪個陷阱裡了？」有人問。

「也許不是她，而是我們掉到陷阱裡了（留了下來）。」

3

我寫信給委員會，叫他們把阿傑送走。他心智發展不全，又心懷惡意、不受教。我們無法容許他的任性胡爲傷害「孤兒之家」。（我對群體有責任。）

4

在捷爾納街目前有一噸煤炭，是給盧佳·阿布拉莫維奇[30]的。有人問，煤炭放在那裡是否安全。

他們回以微笑。

30 盧佳·阿布拉莫維奇（Róża Abramowicz）曾是「孤兒之家」的院童，後來寄宿在「孤兒之家」，學校畢業後成為「孤兒之家」的員工。

5

陰沉的早上。清晨五點半。

彷彿是個正常的一天的開始。我對漢娜說：「早。」

她驚訝地看著我。

我請求：「笑一個。」

孩子的笑容是病態、蒼白、肺部有毛病的笑。

6

你們喝了酒，軍官們，你們大口大口地喝了許多，喝得津津有味，爲了鮮血乾杯。你們跳著舞，身上的勛章叮叮咚咚——爲這無恥的行爲歡呼。你們的眼睛看不見這無恥的行爲，或者說你們假裝看不見。

7

我參與了日俄戰爭。失敗，災難。

我參與了歐戰。失敗，災難。

在世界大戰……

我不知道，戰勝國的士兵有什麼感覺，用什麼去感覺……

8

我參與其中的許多雜誌，關閉，停刊，破產了。[31]

我的出版者自殺了，他的人生毀了。[32]

這一切並不是因爲我是個猶太人，而是因爲我出生在東歐……

但高傲的西歐也沒過得那麼好，這可說是一種憂鬱的安慰。

31 柯札克合作的一些激進、左派的雜誌如《聲音》（*Głos*）、《社會觀點》（*Przegląd Społeczny*）、《知識》（*Wiedza*）曾經在右派國族主義興盛的波蘭受到打壓，而他所合作的兒童雜誌如《一小道光》（*Promyk*）或《在陽光中》（*W słońcu*）則因為財務困難而停刊。

32 這邊指的是雅各·莫特科維奇（Jakub Mortkowicz），他出版了柯札克大部分的著作，他很注重書籍的品質和美感。

這安慰可以是令人快樂的，但事實上並不是。我不希望任何人過得不好。我沒辦法詛咒別人，我不知道該怎麼做。

9

我們在天上的父……

飢餓和可怕的命運雕刻出這段禱文。

我們的麵包。[33]

麵包。

畢竟，我所經歷的這些，以前有過。以前有過。

他們賣了設備、衣服來換一公升煤油，一公斤蕎麥，一杯伏特加。

在警察局，當一個波蘭「尤納克」親切地問我，我是怎麼從「區塊」中脫身的，我問他，他能不能為艾絲特卡「想想辦法」。[34]

當然是不能。

我匆匆地說：「謝謝你的好話。」

我感謝他，因爲我就像孩童般蒼白、貧窮，地位低下。

10

我在澆花。窗後是我的禿頭，眞是個絕佳的瞄準目標。

他手上有槍。爲什麼站在那裡靜靜地看？

目前沒有命令。

也許他之前是個鄉下的老師，或是一個公證人，或者是萊比錫的掃街工友，科隆的服務生？

如果我對他點頭，他會怎麼做？或是友善地揮手？

33譯註：「我們在天上的父」和「我們日用的麵包」出自〈主禱文〉（Lord's Prayer），是基督教最為人知的禱詞。在波蘭文或英文中「我們日用的麵包」在中文中多譯為「日用的飲食」、「日用之糧」。

34這裡的「尤納克」（jumak）指的是華沙大行動中，被迫協助德軍驅逐猶太人的波蘭人。德軍會把猶太區分成許多「區塊」，分批把在「區塊」中的猶太人送到特雷布林卡滅絕營。根據猶太區生還者史黛拉·艾略斯伯格的說法，柯札克三次在街上被德軍抓住，被送上「死亡之車」，但又三次被釋放，雖然他沒有請求被釋放。

或者他不清楚目前的情況？
也許他昨天才從遠方來……

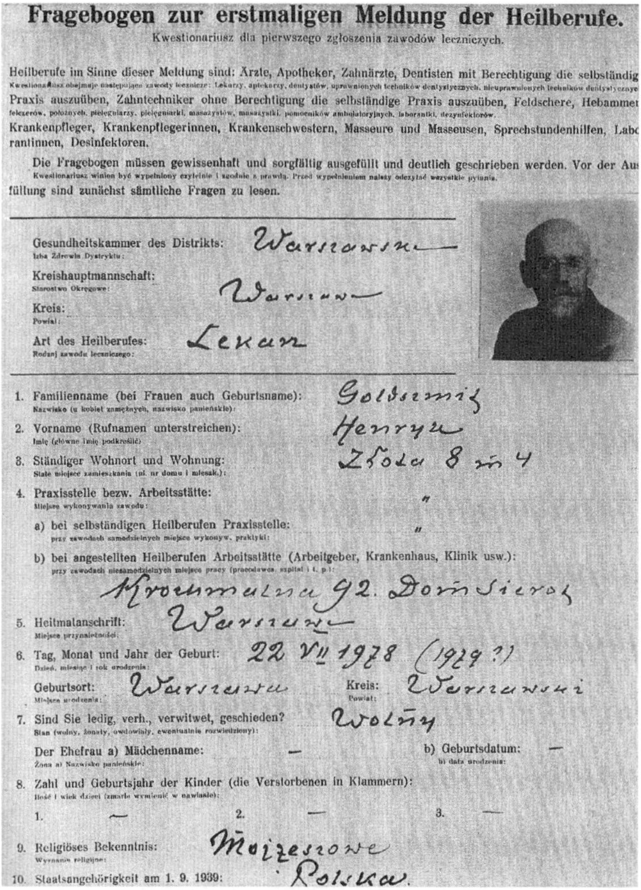

Fragebogen zur erstmaligen Meldung der Heilberufe.

Kwestionariusz dla pierwszego zgłoszenia zawodów leczniczych.

Heilberufe im Sinne dieser Meldung sind: Ärzte, Apotheker, Zahnärzte, Dentisten mit Berechtigung die selbständig Praxis auszuüben, Zahntechniker ohne Berechtigung die selbständige Praxis auszuüben, Feldschere, Hebammen, Krankenpfleger, Krankenpflegerinnen, Krankenschwestern, Masseure und Masseusen, Sprechstundenhilfen, Laborantinnen, Desinfektoren.

Die Fragebogen müssen gewissenhaft und sorgfältig ausgefüllt und deutlich geschrieben werden. Vor der Ausfüllung sind zunächst sämtliche Fragen zu lesen.

Kwestionariusz winien być wypełniony czytelnie i zgodnie z prawdą. Przed wypełnieniem należy odczytać wszystkie pytania.

Gesundheitskammer des Distrikts: Warszawska
Izba Zdrowia Dystryktu:

Kreishauptmannschaft: Warszawa
Starostwo Okręgowe:

Kreis:
Powiat:

Art des Heilberufes: Lekarz
Rodzaj zawodu leczniczego:

1. Familienname (bei Frauen auch Geburtsname): Goldszmit
Nazwisko (u kobiet zamężnych, nazwisko panieńskie):
2. Vorname (Rufnamen unterstreichen): Henryk
Imię (główne imię podkreślić):
3. Ständiger Wohnort und Wohnung: Złota 8 m 4
Stałe miejsce zamieszkania (ul. nr domu i mieszk.):
4. Praxisstelle bezw. Arbeitsstätte: "
Miejsce wykonywania zawodu:
a) bei selbständigen Heilberufen Praxisstelle: "
przy zawodach samodzielnych miejsce wykonyw. praktyki:
b) bei angestellten Heilberufen Arbeitsstätte (Arbeitgeber, Krankenhaus, Klinik usw.):
przy zawodach niesamodzielnych miejsce pracy (pracodawca, szpital i t. p.):
Krochmalna 92. Dom Sierot
5. Heimatanschrift: Warszawa
Miejsce przynależności:
6. Tag, Monat und Jahr der Geburt: 22 VII 1878 (1879?)
Dzień, miesiąc i rok urodzenia:
Geburtsort: Warszawa Kreis: Warszawski
Miejsce urodzenia: Powiat:
7. Sind Sie ledig, verh., verwitwet, geschieden? Wolny
Stan (wolny, żonaty, owdowiały, ewentualnie rozwiedziony):
Der Ehefrau a) Mädchenname: — b) Geburtsdatum: —
Żona a) Nazwisko panieńskie: b) data urodzenia:
8. Zahl und Geburtsjahr der Kinder (die Verstorbenen in Klammern):
Ilość i wiek dzieci (zmarłe wymienić w nawiasie):
1. — 2. — 3. —
9. Religiöses Bekenntnis: Mojżeszowe
Wyznanie religijne:
10. Staatsangehörigkeit am 1. 9. 1939: Polska.

納粹德國佔領波蘭時期柯札克提交當局的醫事從業人員登記表。
（Generalgouvernement / Wikimedia Commons / Public Domain）

柯札克與夥伴史蒂芬妮・維琴絲卡。（Ghetto Fighters' House Archive, Israel）

位於克羅赫曼那街時期的「孤兒之家」大廳，約攝於一九四〇年。
（Foto Forbert / Wikimedia Commons / Public Domain）

猶太隔離區街頭的孩子。（Wikimedia Commons / Public Domain）

德軍將猶太人押運往特雷布林卡滅絕營。（Wikimedia Commons / Public Domain）

猶太人在烏姆許拉格廣場集合等候，即將被送往特雷布林卡滅絕營。（Wikimedia Commons / Public Domain）

猶太隔離區隨筆

INNE PISMA

給親切的猶太先鋒隊成員，在閒暇時解讀

一九四二年一月三十日

我想要，因爲我愛。我想要，所以我會。我想要，所以我可以。我想要，因爲我相信。

我只想要給我自己，因爲我只爲自己而愛、知道、會、想要、相信，不是爲別人。

我的愛，我的知識，我的力量和我的信仰忠實地爲你們服務，在你們那裡，這艱困的工作都是爲了你們，爲了朝向你們，往你們那裡去。

我知道，我相信。

這知識是多麼美麗啊——當它猶豫、不相信自己，在自己身上及周遭尋找錯誤、疏忽和無意識的謊言。

這信仰是多麼美麗啊——沒有懷疑、毫無保留的信仰，甚至不怕我有可能弄錯。

平安

給猶太人委員會的人事部門

一九四二年二月九日

猶太人委員會[1]

人事部門

亨利・哥德施密特（雅努什・柯札克）

謝爾納街十六號—西利斯卡街九號

申請表

好心人要求我寫一份遺囑，我現在就把它寫進我的履歷表裡，我寫這份履歷表的目的是爲了申請擔任捷爾納街三十九號的保育老師。

我六十四歲。我去年在監獄時通過了健康檢查。雖然環境艱困，但我沒有生過一次病，也沒看過醫生，更沒有請假不去運動，雖然我的年輕夥伴們會因爲恐懼而逃避它。（我吃得很多，睡得也好，最近喝了十杯濃烈的伏特加後，我還精神抖擻地從利馬斯卡街走回謝爾納街——而且是在深夜。我晚上會起床兩次，撒出十大杯尿液。）

我抽菸，但我不酗酒，我心智健全，應付日常事務游刃有餘。

---

1 華沙的猶太人委員會（Rada Żydowska/Judenrat）是德軍政府成立的，做為代表猶太人的機構。委員會下有大約三十個部門，負責處理和猶太人有關的法律、經濟、社福、醫療等事務。猶太人委員會於一九三九年十月六日成立，一直運作到一九四三年一月。猶太人委員會人事部門的負責人是納坦・葛羅金斯基（Natan Grodzieński）。

我是節省力氣的大師，就像阿巴貢一樣，我不做浪費力氣的事。[2]

我自認是醫學、教育、優生學、政治方面的專家。

感謝經驗，我很懂得如何和天生的蠢材甚至是罪犯相處、合作。那些野心勃勃又頑固的混蛋們會判定我失格，但我不會判他們失格。

最近的考驗：我在自己的收容所，容忍了某位女經理超過一年，她爲了一件子虛烏有的事指責我。爲了我的舒適和平靜，我勸說她留下來，最後她自己跑了。（我的法則是：現任員工即使有缺點，都強過有優點的新進員工。）

我預計，捷爾納街收容所中的罪犯員工會自願離開那個他們憎恨的地方，他們待在那裡，僅只是因爲膽小和被動。

我在華沙完成中學和大學學業，[3] 我之後又在柏林（一年）和巴黎（半年）的門診部進修，在倫敦的一個月讓我能就近了解慈善工作的本質（收穫很大）。

我在醫學上的導師是：皮哲沃斯基教授（解剖和細菌學家）、納森諾夫（動物學家）、什切巴克夫（精神醫師）——還有小兒科醫師芬克斯坦、巴金斯基、馬凡、于庭涅（柏林，巴黎）。[4]

（在進修的閒暇時間，我參訪孤兒院、矯正機構還有監禁所謂少年犯的地方。）

我在遲緩兒的學校待了一個月，又在齊恩[5]的神經學門診待了一個月。

我在西利斯卡街上的醫院的導師是：諷刺家和虛無主義者科拉、樂天開朗的克朗姆斯蒂克、嚴肅的甘茨、傑出的診斷家艾略斯伯格[6]——除此之外還有醫士希利哲夫斯基，以及具有奉獻精神的娃伊護士。

我預計，我會在捷爾納街三十九號這個兒童屠宰場（以及殯儀館）遇見幾個像娃

2 譯註：阿巴貢（Harpagon）是法國劇作家莫里哀筆下的人物，是個吝嗇鬼。

3 一八九八年到一九〇五年，柯札克在華沙大學（在波蘭被瓜分期間，名稱為華沙帝國大學）就讀醫學院（留級一年）。

4 愛德華・皮哲沃斯基（Edward Przewoski, 1849-1925）、尼古拉・納森諾夫（Nikolaj Nasonow, 1855-1939）和亞歷山大・什切巴克夫（Aleksandr Szczerbak, 1863-1934）都是華沙大學的教授。海因里希・芬克斯坦（Heinrich Finkelstein, 1865-1942），德國小兒科醫生，在一九〇一年於柏林成立照顧嬰兒的中心，是該領域的先驅。

5 西奧多爾・齊恩（Theodor Ziehen, 1862-1950），德國神經學家和精神科醫師。

伊那樣的護士。

醫院讓我看到，一個孩子能夠有尊嚴、成熟、理智地死去。

研讀和統計相關的書籍，可以讓人更加深入地了解醫學這個專業。統計提供邏輯思考的訓練，讓你能客觀判斷事實。過去四分之一世紀，我每週給孩子們量身高體重，我擁有一份無價的統計資料庫——裡面包含著學齡兒童和青春期少年的身高紀錄。

我在米豪烏沃克的馬凱維奇夏令營中，第一次遇見了猶太兒童。[7]

在免費圖書館工作的那幾年，給了我豐富的觀察。[8]

我從來沒有參加過任何政黨。我和許多從事地下反抗活動的政治人物有親密的連結。

我在社會工作的導師是：瑙科夫斯基、史特拉謝維奇、大衛。迪嘉辛斯基、普魯斯、阿斯尼克、柯諾普妮茨卡、約瑟夫．畢蘇斯基。[9]

感謝梅特林克，我能一窺昆蟲和植物世界的奧祕。而關於礦物的知識，則來自拉斯金（《塵土的倫理》）。

作家之中，我受契訶夫的影響最深——他是一個極富天分的社會的診斷家和社會的醫生。

我拜訪過巴勒斯坦兩次，我認識了它「苦澀的美」（gorkaja krasota Palestiny——

6 阿道夫·科拉（Adolf Koral, 1857-1939），小兒科醫師，社會運動者，曾在柏爾森與包曼猶太兒童醫院擔任住院醫師。梅切斯瓦夫·甘茨（Mieczysław Gantz, 1876-1939），耳鼻喉科醫師，曾在「孤兒之家」給兒童們看病。以薩·艾略斯伯格（Izaak Eliasberg, 1860-1929），皮膚科醫師，社會運動者，他是孤兒援助協會的成員（一九一三年後出任協會會長），「孤兒之家」的成立也是在他熱心奔走下促成，柯札克把艾略斯伯格當成自己職業上的導師。以薩·艾略斯伯格是史黛拉·艾略斯伯格（見《猶太隔離區日記》第二部註釋20）的丈夫。

7 柯札克是夏令營協會（Towarzystwo Kolonii Letnich）的成員。他在一九〇四、一九〇七、一九〇八年在米豪烏沃克（Michałówek）舉辦的夏令營擔任帶隊老師。

8 學生時代，柯札克曾在華沙慈善協會（Warszawskie Towarszystwo Dobroczynności）的人民圖書館工作，念故事給孩子們聽。

9 譯註：波列斯拉夫·普魯斯（Bolesław Prus, 1847-1912），波蘭小說家。亞當·阿斯尼克（Adam Asnyk, 1838-1897），波蘭詩人。瑪麗亞·柯諾普妮茨卡（Maria Konopnicka, 1842-1910）是波蘭詩人、小說家、兒童作家。以上三位都是波蘭實證主義（Positivism）時期的作家，波蘭實證主義者相信，要讓波蘭能獨立（當時波蘭依然是被瓜分的狀態），必須讓波蘭成為一個好的、重視平權的社會。

札波汀斯基說的[10]）。我認識了猶太先鋒隊的動能和生活方式，以及鄉村合作社中的殖民者（西姆宏尼、古拉雷、布拉魏曼）。

我第二次體認到，人體這美妙的機器在異國氛圍的工作中是如何工作的——第一次是在滿州，現在是在巴勒斯坦。

我從內部認識了戰爭和革命——我親自參加過日俄戰爭和歐戰，十月革命和內戰（基輔）、波蘇戰爭——而現在，以平民的身分，我仔細研讀「後方」和幕後的蒙太奇。若非如此，我會繼續厭惡、輕視平民。

我服務的地方：

1. 七年（中間有間斷）在西利斯卡街上的醫院擔任唯一的住院醫師。
2. 過去四分之一世紀在「孤兒之家」。[11]
3. 十五年在「我們的家」，普魯斯克夫、別蘭尼。[12]
4. 半年在基輔附近的烏克蘭兒童收容所。

5. 我在地方法院提供專家意見，協助處理和孩子有關的案件。[13]
6. 曾經有四年，我為健保單位處理德文和法文的文件。

在戰爭中的服務地點：

1. 哈爾濱和道外州的疏散點。
2. 醫療火車（載著得性病的革命軍，從哈爾濱開到伯力）。
3. 野戰醫院的低階部門主任。
4. 羅茲的傳染病醫院（猩紅熱傳染）。

---

10 原文為俄文，澤維．札波汀斯基（Ze'ev Zhabotinski, 1880-1940），俄國作家，猶太復國主義領導人。

11 柯札克在「孤兒之家」實際工作了三十年。

12 第一次世界大戰期間，柯札克在基輔附近的兒童收容所擔任小兒科醫師時，認識了在普魯斯克夫（Pruszków）照顧波蘭孤兒的瑪麗亞．法絲卡（Maria Falska）。戰爭結束後，瑪麗亞．法絲卡成立的孤兒院「我們的家」（Nasz Dom）遷至華沙的別蘭尼區（Bielany），柯札克也持續和她合作，協助她照顧院裡的孤兒。

13 三〇年代，柯札克在地方法院提供專家意見，當有虐童或對兒童性騷擾的案件，柯札克會替兒童做檢查並做出報告。

5. 卡繆內克的傳染病醫院。[14]

身爲國民和員工，我遵守命令，但不盲從。

我心平氣和地接受不服從命令的懲罰（一個我不認識的中尉的家人被非法監禁在醫院，我把他們放了出去，爲此，我感染了斑疹傷寒）。

我沒有野心：有人建議我寫畢蘇斯基的兒時回憶錄，我拒絕了。我從來沒在他生前見過他一次，雖然我和歐拉小姐[15]曾經共事。

身爲一個組織者，我完全無法勝任領導的工作。我的近視，還有完全缺乏視覺記憶，在許多方面都會干擾我。遠視可以彌補第一個缺點，卻會讓第二個缺點變得更糟。但這也有好處：我既然臉盲，就可以就事論事。我對人不會有成見，也不會記恨。

我是個慵懶但又容易暴怒的人，兩者剛好彼此平衡，感謝努力習得的克制——我能勝任團隊工作。

我給自己訂的試用期是四個星期。考量任務的急迫性，從星期三，最晚從星期四開始。[16]

我請求提供給我一個住所，還有一天兩餐。

除此之外我不要求其他條件，這是我從我之前遭遇過的不快、惱人事件中學來的經驗。我對住所的理解是一個角落，而餐點就是大鍋飯，甚至連這個，我都可以放棄。

哥德施密特

柯札克

14 第一、二項是日俄戰爭的事，第三項是第一次世界大戰，第四、五項是波蘇戰爭。柯札克在俄軍退伍時軍階是上尉，在波蘭軍隊中退伍時則晉升為少將。

15 這邊指的是亞莉珊卓・畢蘇斯卡（Aleksandra Pitsudska, 1882-1963），獨立運動者，畢蘇斯基的妻子。歐拉（Ola）是亞莉珊卓的暱稱。二〇年代起，她積極參與孤兒院「我們的家」的工作，大幅改善了孤兒院的物質條件。

16 也就是一九四二年二月十一或十二日。

捷爾納街三十九號的第一步

〔一九四二年二月十一日至十二日〕[1]

我寫了一式五份的信給：切涅克夫會長、維里科夫斯基律師、梅澤洛娃夫人、古魯克斯伯格議員和社福部門的主管路斯特伯格。[2]以下是信的內容：

我們問：

1. 您是否知道，捷爾納街三十九號孤兒院的孩子住在沒有暖氣的房子裡？
2. 您是否知道，捷爾納街三十九號孤兒院的孩子沒有鞋子，也沒有禦寒的衣物？
3. 您是否知道，捷爾納街三十九號孤兒院的孩子沒有在固定的時間得到午餐的湯，而這湯則裝在只有兩百公克容量的杯子裡？

我們問：

1. 知道這些事後，您還要容忍、用自己的權威隱瞞圖根卓赫及其黨羽那些愚蠢的犯罪行為嗎？
2. 您要把這間兒童屠宰場稱為孤兒收容／照顧中心嗎？
3. 您是否意識到，在這種毛骨悚然、充滿折磨的場所工作，會讓想要治癒這個屠宰場、做一點社會工作的人感到作嘔？

致上我的敬意

1 編註：以〔〕標註之寫作日期為柯札克研究者推斷。

2 亞當．切涅克夫（Adam Czerniaków, 1880-1942），化學家，社會運動者，華沙猶太區猶太人委員會會長，在華沙大行動初期嘗試向德軍交涉，請他們不要殺害柯札克孤兒院及猶太區其他孤兒院裡的孩童，交涉失敗，而切涅克夫吞氰化物自殺。古斯塔夫．維里科夫斯基（Gustaw Wielikowski, 1889-1943），律師，社會運動者，猶太人委員會的成員。亨莉卡．梅澤洛娃（Henryka Mayzlowa）在猶太人委員會工作，負責處理被強制遷移的人的事。亨利克．古魯克斯伯格（Henryk Glücksbeerg, ?-1943），猶太人委員會的成員。梅切斯瓦夫．路斯特伯格（Mieczysław Lustberg），猶太人委員會社福部門的主管。

這封信是二月四日寄出的。只有切涅克夫把信寄回來，附上兩句話：

1. 您可以用這種口氣寫信給我，我很驕傲。

2. 我任命您到捷爾納街三十九號的孤兒院赴任。二月九日。

其他人沒回信。

無論如何，我都決定要寫信給韓德爾主任，還有謝任斯基上校，[3] 以及柯恩醫師——上校，提出以下要求：「必須立即、迅速展開行動，調查捷爾納街三十九號的兒童大屠殺事件。只要幾天的時間，那些飢餓的孩童就會凍死。這樣的事，似乎正在這個惡魔的巢窟中發生。」

我把我的信讀給伊曼紐爾．林格布魯姆聽，問他，能不能建議物資部門進行一天的罷工，讓所有的麵包店和食品店停止運作，直到這火燒眉毛的事獲得實質上的解決。[4]

兩三天後，我被猶太人委員會的社福部門叫去開會，討論捷爾納街三十九號的事。

與會者有七位，贊助人[5]沒被請來開會，這表示，他們決定把這件事交給專業人士來處理，把公民的聲音排除在外。

我記下了梅茲納演說中的幾句話：

1. 捷爾納街三十九號的收容所處在深淵底層。
2. 學齡兒童已經開始死去。孩子們在垂死邊緣。
3. 員工中有十七人得了斑疹傷寒。
4. 根據俄國諺語的精神：「我們不打躺著的人。」我們不應該控訴任何人。
5. 應該要把收容所中的孩童分散——把還活著的孩子送去別的機構，然後關閉捷爾納街三十九號。

---

3 約瑟夫·安傑·謝任斯基（Józef Andrzej Szeryński, 1892-1943），猶太區警察總長。瑪利安·韓德爾（Marian Händel, 1908-1983），猶太區警長，謝任斯基的代理人。他在一九四二年從猶太區中逃走，戰後住在委內瑞拉。

4 波蘭猶太歷史學家伊曼紐爾·林格布魯姆當時也在猶太人委員會的物資部門工作。

5 一九四〇年四月，德軍政府成立了猶太社福自助中心（Jüdische Soziale Selbsthilfe），不讓華沙市政府繼續照顧猶太的孤兒院和社福機構，而是要猶太人自己去照顧。猶太社福自助中心於是建立了贊助人機制，讓贊助人去募資，照顧猶太區中的孤兒院和社福機構。

這個建議被所有人否決。我們必須繼續營運捷爾納街三十九號的孤兒收容所，必須幫助它、重整它、移除無能和不誠實的員工。

我們讀到了一份愚蠢、不實、一月寫下的報告，內容如下：（副本如附）

因爲梅茲納醫生的提議被否決了，我讀了一份寄給猶太人委員會人事部門的信，內容如下：

（副本）

我提議由我擔任保育老師的信被接受了，在第一時間就被交到切涅克夫手上，他叫路斯特伯格準備兩份文件：

1. 猶太人委員會決定接管捷爾納街三十九號的孤兒收容所。
2. 猶太人委員會決定任命我爲捷爾納街三十九號孤兒收容所的保育老師，試用期四個星期。

隔天我第一次去捷爾納街三十九號的孤兒收容所視察。

我的發現如下：

1. 他們努力整頓孤兒院，讓它表面上看起來很好。他們打開窗戶通風、刷地板，給孩子剪頭髮。火爐裡生起了火，廚房裡則煮了湯。
2. 帶我去視察的人抱怨他們有各種困難和匱乏，他自憐自艾，給自己找理由，當我問問題，他則避重就輕——他只說了兩次謊。
3. 他抱怨經費太少，資產不夠，部分員工沒良心、不誠實：他們工作態度不佳，然後又偷東西。

收容所中有一個主管好像得了肺結核，在歐特沃茨克接受治療。另一個得了斑疹傷寒，現在痊癒了，正在休假。

1. 我試著弄清楚收容所目前的狀況。
2. 我試圖掌握這棟建築、每棟樓層、每個房間的使用狀況。
3. 我會檢查孩子們的情況。

關於一個叫做祖澤的男孩的二三事：

1. 兩年前，我在德沃斯卡街的醫院給祖澤看病，他是那裡的病患。之後，我則在萊施諾街上的醫院繼續治療他（他被轉到那裡）。那時他是個十歲的男孩，所有醫院的員工和病人都愛極了他，他開朗、足智多謀、活潑，健康又強壯，就像是《悲慘世界》裡的加夫洛許。[6]

2. 後來我又在街上看到了他，那時候他已經是捷爾納街收容所的院童了。他用沉重緩慢的步伐往斯摩察街上走去。他看起來像是個老人，我差點認不出來。

3. 我在檢視捷爾納街收容所的狀況時，發現他是一個令人痛苦的證明。原本吃得好、健康的年長學齡孩童，在這裡竟然死得這麼快。

隔天，我帶來了床、床單和一個裝了一些小東西的小箱子，來到了我的新居。

晚上九點，我巡視寢室。沒有溫度計，目前室內是我穿著冬天的大衣和兩件毛衣不會覺得冷的溫度。

我就這樣度過了好些時光。

室內靜得像是墓園一樣，孩子們沉睡著（他們都痲木了，只有非常少數人在床上翻來覆去睡不著）。

令人驚訝的一件事：每隔一段時間，就有這個或那個孩子起床去上廁所。令人驚訝的不是許多孩子會去尿尿，然後弄髒衣服，而是：不是所有的孩子都會去上廁所。就像照護人員告訴我的，所有的孩子都有腹瀉——這也是爲什麼許多孩子都有直腸脫垂的問題。

在內戰時期，在基輔那悲慘的孤兒院，兩百個孩子之中只有兩個直腸脫垂的患者，而在這裡，好像是有幾十個——其中一個孩子似乎就是死於大腸潰瘍及壞疽。委員長還有其他醫生要不就是搞不清楚狀況，要不就是在報告中隱瞞了此事——雖然，他們在報告中甚至有提到幾個孩子長了水痘（這根本無關緊要）。

我坐在收容所庶務主任的客房，試圖想出一些需要做的事，並且規畫明天的工作

6 加夫洛許（Gavroche）是法國作家維克多・雨果（Victor Hugo, 1802-1885）小說《悲慘世界》中的人物，是一名街童。

（第一步很重要，這會決定改革的速度）。時間不多了。「收容所處在深淵底層，孩子們在垂死邊緣」這句話說中了。

或者說，這艘船要沉了，必須拯救孩子和員工——得想想要救多少，怎麼救，還有要救誰。

在此，我想要提醒一件事：既然船都要沉了，那我們就不用刷洗地板來迎接救生小艇，也不用給快要溺斃的人剪頭髮，或是穿上賞心悅目的衣服。

一個細微、典型的片刻：我在守門執勤時第一個遇見的人，是一個在找工作的傢伙。他似乎受到了某位重要人士的推薦，而這個重要人士又似乎是我欣賞多年的好友，而他又似乎十分景仰我的天分和我這個人。

我客氣地回答他：很可惜，我必須拒絕。我自己也還沒正式被提名為這間收容所的保育老師，沒有權利任命任何人。再說，我不想要擴充員工的人數，不想讓兩個人做同一份工作，也不想奪走任何人的麵包和工作——除非情況有必要，還有，除非我在這個人身上只看到缺點，找不到任何優點。

Festina lente，[7] 陌生的年輕人。而我也根據這句諺語的精神，試著慢慢地加快腳步，朝我訂下的目標前進。

明天的計畫：

1. 寫封信給鄰居——神父，請他來參加我們最近一次的員工會議。這個提議表面上看起來奇怪，但我有理由這麼做。
2. 寫信給麵包師傅X的太太，請她提供白麵粉、麵包乾[8]或白麵包，給腹瀉的孩子。（要不要在喝湯前給所有的孩子吃硝酸氧鉍？）[9]
3. 也許我有辦法給孩子量體重。（我需要名單和夠暖和的房間，還需要有人手幫我給孩子更衣，還有在量完體重後幫他們穿好。量體重時，我也可以觀察孩子

7 拉丁文：慢慢地加快腳步吧。

8 譯註：麵包乾是把烤好的麵包拿去再烤一次製成的食品，吃起來像餅乾，可以拿來當給嬰兒的副食品，也可以給腸胃不好的人吃。

9 硝酸氧鉍（Bismutum subnitricum），一種治療腸胃炎的藥物。

們的皮膚，看看他們凍傷和潰瘍的情況。）

4. 必須在寢室內掛上溫度計，因爲「感覺冷」或「感覺暖」沒什麼意義。對健康和情況還不錯的孩子來說，我會把溫度設定在最低十三度。

5. 和員工初次會談，訂定事情的輕重緩急順序。

6. 和專家一起檢查排水系統和火爐的通風孔。

7. 想辦法去找血，可以混進湯或蕎麥，或者做成主菜。[10]

8. 一小時的辦公時間。

查看檔案、筆記簿、報告，查看倉庫、地下室、帳單、送來的貨物和送貨員。

9. 一小時去所謂的「髒區」，我渴望得知孩子們的狀況，我想知道他們在被送進來時是什麼樣子——在脫離街上乞討的生活後，到變成垂死狀態之前，這兩者之間的狀態。

10. 把演說留到晚上可以確保我一定會和員工開一場會。我將在會議上告訴他們，我知道人們會用什麼樣的手段把令人不安的證人弄走。

五個凍結不適任的人的平凡手段：

1. 第一：對他示好，把他拉進小圈圈。
2. 恐嚇。（「我們會找到對付他的方式。他根本無法對我們構成威脅。我會去和這個人或那個人告狀。」）
3. 讓他生病，比如說在他路上放個東西，讓他摔斷骨頭（不小心燙到，不小心打到眼睛）。
4. 嘲笑他、使他尷尬——比如說出其不意地去找他，然後拿出一份他做出的荒謬決定，藉此證明，他的智慧、清醒程度、分寸、善心是非常值得懷疑的。
5. 讓他對這一切感到疲累、失望、厭惡——讓他知道，做這些不值得，不會成功。

我會建議每個員工個別在紙上寫下自己的願望和需求。（用問卷或是寫信都可

10譯註：波蘭人會把動物的血混進湯裡，或是混進蕎麥裡，做成類似豬血糕的食物。

以。）

給神父的信：

天意把一項任務託付給您。

這是靈性生活中一章美麗的歷史。

聖方濟的巴勒斯坦——最近則有中國、日本、黑人的食人族和有色人種，世界各地都有向異教徒傳教的教士。

我懇切地請求您來參加我們孤兒院的員工會議，來建議我們該如何拯救瀕臨死亡的孩子。

或許您會給我們啓示之光，或是熱切的禱告？

我曾讀過一句話：「天堂不會俯身向你，而是你藉禱告的翅膀飛向天堂。」

在此致上我無比的敬意

給麵包師傅太太的信：

善良又親切的小姐。請問您聽説過捷爾納街三十九號的孤兒院那些不幸的孤兒嗎？一月，那裡就死了九十六個孩子。

今天，在西利斯卡街的孤兒院（以前在霍德納街，更早以前在克羅赫曼那街），我們有您捐贈的兩百公斤麵包乾。沒有麵包可以吃的時候，這些麵包乾帶給孩子多大的幫助啊。

我會去拜訪您，向您請求建議（麵包），請您幫助捷爾納街這些有腸胃問題的孩子們。

凌晨兩點。該去睡了，因爲明天得保持清醒。還有，不能浪費煤油，煤油很貴，是用孩子們的錢買的（雖然用量不多，但也算是侵佔公產）。

我在寫作時抽了十四根菸。很多。

奇怪的巧合：今天——是我母親的忌日，二十年前，她在我生病時照顧我，後來她從我身上感染了斑疹傷寒，然後就過世了。

二月十二日。

開槍的是人，而讓子彈飛的是神。[11]

因爲寒冷，我無法入睡。床單在我來的路上凍冰了，我聽見赤腳跑過地板的聲音，那是樓上的孩子，匆匆忙忙跑去上廁所。

我想起捷爾諾波爾附近村子的冬天。

我想著連羽絨被都拿去當掉買酒喝的醉漢。

七點：我很清醒。我會在孩子起床和洗澡時陪著他們。維持標準要耗費人生中好多時間和精神啊。

一個想法。

理髮師給死刑犯梳頭髮，而美甲師給他剪指甲，雖然他等一下就要上絞首臺了。

第二個想法：

馬戲團的團長費盡心力訓練動物，只是爲了奪走牠們的生命。

我沒有實現我提到的十件事，反而去了健康部門，勸阻衛生小組（其中包括十幾個員工和兩個領頭的醫生），請他們先不要來這裡進行大規模的消毒和殺蟲，還有那一類的事。

結果很好：他們說他們不會大張旗鼓來消毒。更重要的是，他們承諾，我們會從衛生小組的倉庫中得到煤炭。

一個想法：

地獄已經存在了。衛生小組帶了硫磺來，如果還有焦油的話——也許孩子們會長

11 譯註：波蘭諺語，意思是「努力的是人，但最後決定成敗的是神」。有點類似中文的「盡人事，聽天命」。

出角、蹄子和尾巴。如果變成惡魔，孩子們搞不好還會比較身強體壯。

有一筆沒付的帳單：一月收容所花了一千塊的電費。（醫生小姐和護士長的公寓似乎是使用電暖爐的，每天煮飯似乎也是用電爐，還有電熨斗和電燈。）

似乎，自從斷電後我們就使用煤氣照明，而煤氣很貴。

白天我睡了兩次：我頭痛。

給古斯塔夫・維里科夫斯基的信[1]

一九四二年〔三月初〕

敬愛的律師先生。

身爲一個員工，在諸多缺點之中，很不幸，我對自己和自己的行爲有過高的批判和要求。在「孤兒之家」，我好歹知道我是誰，我在做什麼，我的角色是什麼，還有我的目標爲何，然而在捷爾納街，我則不停蹚混水、犯錯。

1 編註：本篇原無標題，標題為柯札克研究者所訂。

最常發生的情況是：我像個皮球被踢來踢去，彷彿札波絲卡筆下的卡夏。[2]她的雇主在她的證明上這麼寫：「她老是站在門前，然後在那邊東罵西罵。」或者，我就像諺語中那個永遠不高興的阿姨，「坐在沙發上生悶氣」。又或者是，我像是個任性的獨生女，人們一下給她連衣裙，一下給她玩具或好吃的食物，好讓她心情好起來，不要一直生氣。

律師先生，您應該明白，當個像卡夏一樣的包袱、一個愛生氣的阿姨或者青少女，我有多麼不自在。而且我不是輪流扮演這些角色，而是一人同時分飾三角。我和青少女。我的老天爺啊。

我不只在門口製造噪音，三個月來，我在整個社區尖叫。

我樹立了一堆敵人，因爲沒有人喜歡一個禿頭、愛抱怨老頭的歪嘴和毒舌。

到最後我眞的不知道，爲什麼，爲了達成什麼目標——還有爲了誰？

我想要當保育老師。爲什麼贊德可以，而我不行？

我之前是個觀察者、督導、專員、監票者，這無疑是一種榮譽和裝飾性的肯定，但除此之外就沒了。

像是被洗過、皺巴巴、渾身疼痛，我抖下了身上的敵意和冷漠，還有臭氣——現在我是贊助人，不那麼投入，也沒有要做那麼多工作了。來回討價還價後，我同意出任贊助人，爲了愉快和諧的氣氛。

然而我驚恐地得知，我是個——理事。

我堅決「不同意」。基金會之前的理事是莫辛[3]（願神保佑他）。他不只一次強調，理事不管孩子的事，理事管的是基金會的事。如果基金會不存在，要理事幹嘛？難道只是因爲他的職位空出來了？不，我堅決地說不，我要拒絕，沒有討論的餘地。

律師先生，您是個有智慧、有經驗的人，所以由您來告訴我該怎麼做，是最合適不過的了。他們一週兩次通知我（——）不要往前一步。只是，（——）每一個溫暖的日子，代表孩子們離死亡又更近了一步，（——）即使，是在秋天。

前方依然沒有光。

2 譯註：這邊指的是蓋博拉・札波絲卡（Gabriela Zapolska, 1857-1921）的小說《女像柱卡夏》（*Kaśka Kariatyda*），主角卡夏是個女僕。

3 馬克西米里安・莫辛（Maksymilian Mosin, ?-1942），律師，社會運動者，曾在猶太人委員會的法律部門工作。

煤炭只夠今天用——一公斤都不多！

床單、內衣、衣服。（當然。我們拿窗簾來做尿布，會議桌的布可以做兩張毯子，而國旗可以拿來做襯衫。）

沒有一個壞蛋被踢走，甚至連梅茲納醫生都是。他是個緊張大師——失敗者，陰謀家，反對者，悲觀到幾乎有病，但是對柏爾森醫院的布洛伊葛斯—霍亂洛娃來說，他很有用處，還有對診所那些貧窮但乾淨、身上除過蟲的孩子們來說也是。

最後，沒有一個員工拿到薪水。這件事很難大力爭取——原本我還以爲（現在也以爲），這件事是最容易辦到的。

爲什麼一百可以，二十就不行？

我得到處去親吻別人的手，跪求他們的幫助。最近他們告訴我，只有葛羅金斯基[4]能辦到。我不知道。我完全不知道。一點，一滴，甚至一滴滴都不知道。

葛羅金斯基是神。葛羅金斯基是唯一。

在此致上我的敬意和親切的回憶

4納坦·葛羅金斯基（Natan Grodzieński），猶太人委員會人事部門的主任，一九四二年後也是郵政部門的主任。

關於主要收容之家[1]

一九四二年二月二十二日

座右銘：

送出壞消息令人不悅，而壞消息引起的嫌惡，一部分會落在那個執行討厭任務的人身上……

這就是為什麼官方文件總是充滿虛偽的樂觀正向，和真相互相矛盾……

那些隱瞞壞消息的人，政府總是對他們寬宏大量……

呈報壞消息的公務員，會「變得令人厭煩」……

穆爾塔圖里，《馬格斯・哈弗拉爾》

當貧窮或饑荒造成大量人口死亡，原因總是欠收、乾旱、豪雨，從來都不是錯誤的行政……

這就是為什麼，關於重大事件的官方報告多半滿紙謊言。

穆爾塔圖里[2]

我們是不是應該事先提醒上級長官，那個去捅馬蜂窩的人可能會（！）遭受到一連串的黑函攻擊？

結論：

1. 訂出專員值班的日期（三月一日？三月十五日？），如果他有領薪水，那就是不必要的開支，如果沒領，那他就會礙手礙腳。
2. 請律師檢閱和「韓涅克」洗衣店老闆的合約，那老闆住在沒有營運的洗衣店，

1 編註：本篇原無標題，標題為柯札克研究者所訂。

2 穆爾塔圖里，荷蘭作家愛德華．道維斯．戴克爾的筆名（關於他的更多資訊請見《猶太隔離區日記》第一部註釋15），這邊柯札克引用了他的作品《馬格斯．哈弗拉爾》裡的文字，但不是很精確。

霸佔著它，沒有完成自己的義務，也不付房租。

3. 維里科夫斯基先生承諾要和電廠交涉，讓他們恢復供電。我們欠了一千元的電費（包括罰金），只有一月。二月的開銷會很高（至少專員是這樣說的），因爲大家都隨隨便便從倉庫裡拿瓦斯，根本沒人在管。

4. 如果委員會的經費中有一部分是用來支付奇爾須布朗醫生[3]的醫藥費，那我認爲是完全不恰當的。奇爾須布朗先生要不就是裝病，要不就是他的病根本不是因爲行醫的勞累所引起的。

5. 請把我的值班時間安排在主治醫師梅茲納和住院醫師費里德曼之間，這樣一天之中至少會有一個醫師在場。

6. 維里科夫斯基律師很驚訝，在一間每天有五個孩子死亡的收容所裡，只有兩個醫生值班。我之前拒絕來幫忙，正是因爲在這樣的情況下他們需要的不是醫生，而是創造奇蹟的人。

7. 必須下個命令，讓醫師和護士長離開目前他們居住的兩房公寓，搬到一樓的醫師休息室。孩子們需要他們的公寓，而休息室目前的條件完全可以滿足醫師和護士長的需要。

8. 關於收容所的報告不應該一個月送一次，而是每天都要送。報告中應該包含寢室和日用起居室的溫度，用餐時間，每種傳染病（百日咳、疥瘡、斑疹傷寒、腹瀉還有一兩種疾病）的隔離人數，一天內死了多少孩童以及多少人被送到醫院。

9. 必須嚴密監控煤炭和焦煤的用量。得把所有的東西放在一個倉庫，而不是四個倉庫（之前有儲藏食物、醫護用品、衣物、燃料、蔬菜的倉庫，除此之外還有一個儲藏臨時用品的倉庫）。

因此，必須重新審視每個部門負責人的人數多寡、經驗和職責。

10. 唯一讓「受損」孩童（即使是學齡年紀）活下去的希望，是給他們糖水、酒精（葡萄酒？稀釋的伏特加？）和魚油（路斯特伯格先生答應要提供一百公升，他什麼時候會拿來？）。

---

3 亞歷山大・奇爾須布朗（Aleksander Kirszbraun, 1896-?）醫師，他曾在猶太區中的醫院治療肺結核。

我很抱歉，我的報告寫得很混亂，或者該說，這只是報告的開場白。

要從哪裡開始？

也許從這裡開始：

醫學倫理的原則：「第一要務：不要傷害病患。」

托爾斯泰說：「不要抵抗邪惡。」

一段回憶：哈爾濱。我邀請重傷和重病患者和我一起從疏散點坐雙輪牛車到火車站，他們不要，他們寧可用走的。當我自己坐上牛車，我得承認他們是對的：我在半路就下車了，腸子全因爲顛簸而攪成一團。

我經常規畫管理的計畫，爲的是改善孩子悲慘的生活。

在過去整整十年，我只禁止孩子一件事：我禁止他們繼續用小夜壺把四個大桶子裡的排泄物拿出去倒（一個桶子會漏，兩個沒有把手，第四個把手壞了）。我自己會把兩個桶子拿出去倒，但是另外兩個我沒辦法，因爲門鎖起來了。

也許從這裡開始比較好：教養（wychowywać）——它的意思是隱藏（chować）、

保護（chronić）、隱匿（ukrywać），讓孩子不受傷害和威脅。眞是美麗的字，會有這個字，是因爲從前人們有必要把孩子藏起來，爲了躲避韃靼人、哥薩克人、立陶宛人、弗拉赫人還有許多其他民族的攻擊。

俄羅斯人說：「wospitywajet。」這是餵食的意思。「pitajet。」這是餵養。法國人說：「élever。」抬高、舉高，往前及往上。義大利人說：「educare。」教育，他們沒說到藏匿的事。

教育者的職業：「piastuna。」（這個字是從Piast，也就是皮雅斯王朝[4]來的）——美麗的職業。

職業（zawód）這個字有兩個意思。一個是專業，另一個是失敗，苦澀的感覺，因爲事情沒有如我所希望的那樣進行——我感到失望。

管理者就像馬車夫，讓馬車往左或往右，他手上有鞭子，他揮舞鞭子，讓馬快步奔跑，他也有轡繩，可以讓馬停下來。

4編註：皮雅斯王朝（Piastowie），於西元九六〇至一三七〇年間統治波蘭的王朝。

我在我的履歷中提出了很高的要求：我請求擁有一份教職。我很開心，人們也聽到、滿足了我的請求。

也許還是從這裡開始比較好：我是怎麼來到這裡，還有爲什麼來到這裡？因爲眞心、熱切地爲孩子的命運痛苦、嘆息，還有受到收容之家員工的歹毒攻擊，孤兒援助協會於是決定出手幫助捷爾納街上的主要收容之家。

我們聽到的回應是：「從你們的奧林匹亞神殿走下來吧，走進苦海人世，然後開始行動。」這是合理的要求。既然沒有其他人願意承擔，我認爲我有義務把這責任一肩扛下，即使它超出我的能力範圍。

這就是爲什麼我來到這裡，而不是去了甘夏街上的收容所，也不是史達夫基街上，亨利克．卡漢先生的屠宰場。[5]

我來這裡服務的時間是一個月。我向「孤兒之家」請了一個月的假，我經營的「孤兒之家」被認爲是（雖然這和它眞實的形象不符）天堂、綠洲、極樂島、充滿神明庇蔭的奧林匹亞神殿。我離開了那裡，來到這裡，雖然我來晚了。

也許這樣開始比較適當：我曾以爲，主要收容之家的員工一部分是英雄和殉道者，一部分是罪犯，然而，我卻在這裡遇到了歷史的皮條客和白色的女奴。對兩者來說，幸運的是，他們對此都沒有意識，或只有意識到一半，他們都像是中了煤毒，發瘋了，什麼都不懂，什麼都不知道，什麼都看不到。

或者這樣：有長年工作經驗的社會工作者，在我來到這裡「工作」第四天還是第五天後，天眞地問我：「怎麼會這樣？您都在那裡了，孩子們還是不斷死去？」

另一個人說：「大家都努力讓您在這裡的工作順利，情況像變魔法一樣改善，也沒什麼好奇怪的。」

我強硬地說：「我不是魔法師，我也沒有想在這裡施展魔法。」

我也不想當個江湖郎中。

5 前者指的是甘夏街（ul. Gęsia）八號的男孤兒院，院長是伊利亞澤・能伯格（Eliezer Nomberg, 1895-1943），他可能是作家赫許・大衛・能伯格（Hersz Dawid Nomberg, 1876-1927）的兒子。後者指的是史達夫基街（ul. Stawki）十九號的殘障兒童孤兒院，院長是亨利克・卡漢（Henryk Kahan）。

我還想要在這開場白中講一件事。

即使是維持表象，也是要花費許多時間、心力和資源的。

1. 清潔的表象：如果沒辦法讓所有的東西保持清潔，至少讓樓梯和得了疥瘡、飢餓、受凍、生病的孩子衣服是乾淨的。
2. 牛奶輕食[6]的表象。
3. 隔離的表象。
4. 醫療照顧的表象。
5. 照護孩子的表象。

或者，用姓名和日期的文件來當作開場白好了：

我拿起一本記載孩子進出狀態的簿子。

序號。姓名。出生年月日。入院日期，出院日期，還有「特別註記」。在「特別註記」中，會用紅墨水記載孩子的死亡。

每頁都有十個孩子的姓名。

我隨便翻開去年的一頁。

第兩百四十八頁：

薩洛蒙．納迪魏，三歲，六月進來，八月死去。

伯納德．馬格，三歲，六月進來，七月死去。

雅各．拉米爾，六月進來，七月死去。

亞伯拉．帕內斯，一歲，六月進來，七月死去。

葉日．夏曼，兩歲，六月進來，七月死去。

路德維卡．莎佛拉，六歲半，六月到七月。

雅各．德澤烈，一歲，六月—七月。

蘇拉米．瓦赫邁斯特，一歲六個月，活了兩個月。

---

6 譯註：因為貧困、缺乏物資，收容所的孩子們無法吃正餐，只能吃用牛奶做成的簡單食物。波蘭人會用牛奶煮燕麥、米飯，或做成湯麵，雖然柯札克沒有詳細描述收容所中的孩童吃的是什麼食物，但應該就是這一類的。

尤蒂塔．薩波，半歲，六月－七月。

布蘭德拉．布拉德，一歲，同上。

第兩百四十七頁。十個孩子進來，九個死了。第十個隔天被父親帶走了。簿子上記載著：「葉日．史納瓦斯，一九四一年四月十五日生，六月二十三日入院，隔天父親施木把他帶回去，地址是：札拉茲那街七百五十二號（？）之四十。」

第兩百四十六頁：十個孩子進來，所有人都死了。

第兩百四十五頁：八個孩子死在收容之家，一個死在醫院，一個被媽媽帶走了。

第兩百四十四頁：十個孩子中，九個死在收容之家，一個死在醫院。

第兩百四十三頁：十個孩子中死了八個，一個被奶奶帶走了，一個跑掉了：齊拉．阿里，三歲，六月進來，在這裡待了三個月後逃跑。

第兩百四十二頁：十個孩子中死了九個。在第十個孩子的名字（伊采克．瓦瑟費許，一個十二歲的男孩）旁邊，在「特別註記」那一欄，沒有用紅墨水寫的記載。

這個伊采克．瓦瑟費許引起了我的興趣（也許簿子中的記載不是很精確），我寫下他的名字，打算去問人（但我沒有抱很大的希望）。結果，大家都認識他，他是個小偷，會強迫孩子們給他食物。現在他得了斑疹傷寒，在醫院裡。

第兩百四十一頁：死了八個。

第兩百四十頁：死了九個，第十個在收容之家待了一星期，被（——）帶走。

我突然想到，城市的清潔員是否也有一本這樣的出入登記，而在「特別註記」欄，會不會也寫下那些被主人買走的、與眾不同的狗。

也許在報告的開場白中，我可以這樣寫？

我有一個計畫：最重要的是燃煤。孩子不吃東西好歹可以活十幾天，但如果受凍幾個小時就會死。

（看來，在整個冬天，許多房間都只有偶爾才燒煤炭，大概五到十次。）

第二件事：員工的安全。當德軍進入華沙，我在一場會議上說，我打算以農場主人對待牛隻的方式對待員工——如果我想要有牛奶，就得善待他們。瑪嘉小姐（「孤兒之家」的僞經理）[7] 爲了我把員工和牛隻比較，很生我的氣。

士兵的任務就是開槍，他必須有鞋子、保暖的大衣、煮飯的鍋子和可以拿來燒的柴。

而在收容之家，才剛從斑疹傷寒中痊癒的員工，光著腿，用冷水和一塊比手帕大不了多少的抹布擦拭大門前的樓梯（她們在維持清潔的表象）。

也許這樣子：奇爾須布朗醫師似乎（在眾目睽睽下）發表過英雄般的言論：「只要有一個孩子還活著，我就不會離開收容之家。」

他不肯交出軍旗。

也許可以溫和地開始？

當我驚訝地表示，體重計運作正常（因爲這裡不只孩子受損了，設備也是），我聽到的回答是：「因爲它之前是壞的。」

當我生氣地問：「您昨天不能把木柴弄乾嗎？」我聽到的回答是：「如果我把它們弄乾，現在就不會有了。」

終於聽到了一個解釋。

孩子的體重：海拉．阿格芙娜，一九三七年四月五日生，九點八公斤。

在這裡，五歲孩子的體重差不多是一歲孩子的體重。

格拉斯曼，一九三一年二月十一日生，一個星期前十九公斤。

〔……〕

7 瑪蒂達．田姆金（Matylda Temkin, 1903-1970）曾在「我們的家」和「孤兒之家」工作，戰後她曾在紀念柯札克的柯札克委員會（Komietet Korczakowski）工作，幫忙蒐集整理關於柯札克生平及工作的資料。

中旬的報告〔在主要收容之家〕

〔一九四二年三月五（？）日〕

開場白：大門樓梯上已經放了痰盂，清潔水準算是有提升了。（如果在痰盂旁還可以放個盆栽，那不只是清潔水準，連美學水準都提升了。）

結論。

1. 我不是很確定，但是我認爲，門口應該要有個警察。目的是：(a)管控進出的人(b)管控出去的物資(c)保護煤炭，避免被人拿走。

這個警衛得是個誠實、勇敢、堅定的人（必須要經過認證），他必須是強壯的，又有一顆犧牲奉獻的心。

2. 我們必須嚴格禁止收容之家收留帶著嬰兒的母親。
我們也得禁止收容之家收容健康、營養均衡、衣著體面的孩子。

3. 我們必須清楚知道經費有多少（從何時到何時），並且知道我們什麼時候一定可以收到這筆錢。

4. 我們必須確保員工（員工包括：主管、護士、保育老師、女僕、學徒、前任院童、比較年長的孩子）擁有以下資源：
(a) 薪水
(b) 食物
(c) 良好的工作環境
(d) 醫療
(e) 假期和休假
(f) 可以和家人一同居住
(g) 居所（在行政大樓）

經理路斯特伯格先生雖然承諾要提供文件，讓醫生和護士長搬出他們目前的居所，但他還沒把這份文件給我。

我做出這些結論的理由：

1. 在我以前待過的孤兒收容所（在雅捷隆街上），[1]門口就有一個警察。他在那裡的目的是：保護孤兒院，不受煩人的維安警察的侵擾、不受鬧事父母的干擾（這件事特別令人不安，畢竟附近就有監獄和守衛站），[2]阻擋流浪兒，以及（經常是）受僱的／臨時的／不知道到底是不是照顧者的照顧者們。我有個擔憂是：人們可能會開始傳言，說捷爾納街三十九號的主要收容之家得到了「有錢美國叔叔的幫助」，[3]正在進行一連串改革，而無助又狡猾的父母們會蜂湧而入，要我們收留他們的孩子。

（法務部門應該搜尋罪犯的巢窟和妓院，逮住那些經營「天使工廠」的女人，[4]還有逼迫孩子上街乞討的罪犯。）

2. 如果孩子死了，而母親留下，她會污染原本就已經很骯髒的氛圍，浪費我們的時間和心力。

3. 很多以前只要花幾分鐘處理的事，現在卻要花上好幾天，這會讓我們分心，無法做好該做的工作——有時候晚幾天得到經費，卻會造成嚴重的物資短缺。

4. 員工和薪水的問題，我早在二十年前，當這些事情還是由市政府來管的時候，就知道了。

我只要講最後一年的經費計畫就好。那時候經費已經被刪減了，之後市政府就撒手不管收容所了。

---

1 雅捷隆街（ul. Jagiellońska）二十八號上的猶太孤兒院，成立於一九一八年。

2 位於捷爾納街的帕維克監獄（Pawiak）自一八六三年起，就是關政治犯的監獄，從一九四〇年三月起，變成德軍祕密警察和蓋世太保關犯人的地方。

3 這邊指的是美國猶太人聯合分配委員會（JDC），成立於一九一四年，總部在紐約，是一個猶太人救濟組織。

4 「經營天使工廠的女人」（fabrykantki aniołków）是一個十九世紀末二十世紀初的詞彙，指的是收錢照顧（通常來自貧困家庭的）嬰幼兒的女人，但她們卻沒有好好照顧這些孩子，導致孩子死亡，這就是為什麼人們稱她們為「天使製造者」。在其他語言中也有類似的詞，比如英文的 angel-maker，瑞典文的 änglamakerska。

二月的瓦斯費好像是一千（還是一千五百？）塊波蘭幣。

中旬的報告（在捷爾納街三十九號）

一九四二年三月

1. 關於自己：頭痛，不只晚上，早上也是。

星期六我在西利斯卡街度過，這一天打亂了我原本的工作計畫。

如果我的嘗試不成功，我不會把它當成是失敗。即使是在有良好意願、孩子和員工也向來守秩序的地方，都會有困難。而在一個過去幾十年都籠罩在陰謀和恐怖中的地方，二流和三流的傢伙會壓迫那些有良心、誠實的人。第一個難題是獲知眞相，第二個難題是實踐，困難程度和問題多寡成正比。

2. 戰爭。

墮落污染了收容所的氛圍，讓我們裡裡外外的工作變得更加困難。

人們對情景和事實的反應變得遲鈍了，剩下對家人的擔憂，以及自我拯救的求生本能。

大家變得麻木，對任何事都沒有反應。

3. 猶太人委員會直接管轄。

委員會眞心地想要幫忙——行動也很快速。

猶太人委員會接管了收容之家，移除了專員，很快取得了醫治孩子需要的魚油。

猶太人委員會也清楚地解釋、訂定了我在這裡的權責。

現在只剩下物資上的困難。

4. 照顧委員會和贊助人——在這裡可以看到以前市政府社福部門留下的不良回憶，和各種依賴關係。

監控、重整、實驗和嘗試——暫時、不穩定的決定和命令——必須接受那些不可能的任務——這所有的一切都有毀滅性的影響，迫使我們疲倦、等待、欺騙、隱瞞、延遲、期待更好的未來和更好的條件。

醫療方面的報告

傳染病瘋狂肆虐。年紀最小的孩子，死亡率是百分之百，中間的孩子則是百分之五十，年長孩子的死亡率則無法判斷。然而，根據孩子惡質症[1]的程度來判斷，未來幾週的死亡率會很高。（現在我們處在一個有趣的心理狀態，大家喜歡用誇張的用語來描述眼前的情景，比如：「孩子在腐爛。」他們不是在腐爛，而是長了銀幣大小的褥瘡，還有疥瘡和眞菌感染，這些疾病折磨著孩子，有時候，癢比痛還糟。「孩子們連鞋子都沒有。」孩子們打赤腳，是因爲他們的腳痛得連鞋子都穿不上。「他們死於

1 譯註：惡質症（Cachexia），因疾病引起的體重減輕、肌肉量減少。

寒冷。」整個冬天，有些火爐只燒五到十天，孩子們三四個擠在一張床上，蓋著三條被子和毯子，彼此取暖。「孩子們死於飢餓。」用不著飢餓，只要有持續性的、可怕的營養不良就會死。）

最恐怖的是，大部分孩子的求生本能都變弱了。他們對寒冷和飢餓沒有反應，他們氣呼呼地，光著腳，只穿一件襯衫就坐在沒有生火的房間，或是坐在樓梯上。不想吃難吃的食物——於是放棄了進食。（他們會要求給他們「稀一點的湯」。）

如果你們能明白，一個人即使再飢餓，也不會想吃土或敲碎的磚塊，你們就不該對孩子拒絕蕎麥感到驚訝。孩子覺得，蕎麥無法讓他們長大，也無法讓他們有活力。

我們必須在還有可能找到資金的地方募款，刻不容緩。孩子現在吃的，用牛奶做成的輕食不是眞正的食物，他們眞正需要的是晚上的第四餐，這樣他們用餐的間隔才不會超過十六個小時（我們吃三餐的時間已經訂好了）。

有一個我無法理解的細節：「虛弱」的孩子竟然被放在另一個房間，而那個房間的火爐壞了，整個冬天從來沒有生過一次火。

隔離室只有兩個尿壺，總是滿出來，不然就是在漏。

結論：我預測，孩子的死亡率不會下降，只是死亡的原因會改變。我們無力拯救嬰兒和體重在十五到二十公斤以下的學齡兒童。這些孩子要不是警察帶來的垂死孩童，就是因爲飢貧而「受損」，即使當糧食比較充足了，他們的整個健康系統或是特定器官也無法再次好好運作。

只有魚油這最容易消化的油脂（食用十到十五分鐘後，就可進入循環），才有辦法幫助孩子們度過這危難的一週（？）。

我們可以輕易地阻止收容之家的高死亡率——如果我們可以不再收容必死無疑的孩子，還有把垂死的孩子送到醫院。

我在這時候特別提出這一點，因爲我聽聞那些江湖術士和詐騙集團的勝利。我們必須有勇氣直視眞相。

教育方面的報告

孩子們的靈魂很飢餓。我試著說了一個長靴貓的故事，[2]他們聽完之後拚命要求我再多說一點——直到要吃魚油了，他們才跑開，轉移了對這精神糧食的注意力。

幼稚園的某些孩子——感謝員工和孩子自己英雄式的努力——還保有某些模糊的成就感，或至少是上進心。但學齡的孩子在朗多老師悲劇性的死亡之後（願我們懷念她），就完全沒有人照顧。孩子大量死於斑疹傷寒（在醫院得到的），而活著回來的人都得了疥瘡，有些人得了眞菌感染——他們正處於惡質症的最後一期。

經營管理方面的報告

關於整修、清點（廚房是第一個）、床單、衣服、內衣、鞋子，我沒有提出任何申請，我在此解釋原因。

在眼前如此混亂的情況下（包括：部分員工爲了私人原因有意識地侵佔公產、無能管理物品或是根本不想管理，而比較有良心的員工則沒有力氣管理），如果我們把巨大的資源拿來投資和買東西，只會讓情況改善幾個星期。（如果管理倉庫的人不只不知道倉庫裡有多少內衣，而且還把髒內衣和乾淨的內衣搞混，那我們就不應該把新的衣物放進倉庫裡，器械和碗盤的情況也是一樣。）

人事方面的報告

雖然我們有預告員工會得到一月（和二月）的薪水，但他們依然沒有領到薪資，這件事嚴重地干擾了目前的工作。

我在這邊服務的第三個十天結束之際，可以提供一份名單，上面會寫著哪些員工應該要被送到收容所或醫院（給罪犯的醫院？），哪些人應該要被踢出去或是降級，

2 柯札克曾在雜誌《幼稚園》（*Przedszkole*，一九三五年）中提到，他常說的故事不超過十個，而長靴貓是他最常講的故事。

哪些人可以信任，可以繼續安排工作給他們。這應該會改善工作環境，多多少少滿足這裡的需要。

沒有算計的誠實

〔一九四二年二月／三月？〕1

那是很久以前，在上次戰爭時發生的事了。

我坐著電車，那天凍得要命，而電車裡擠滿了人。一半的乘客都沒買票，因爲車掌無法穿越人群。每站都有新乘客上車，舊乘客下車。

在我身後站著一個提書包、要去上學的小男孩。他用那隻拿著車票錢的手不停推

1 這是柯札克發表在《「孤兒之家」週報》的文章之一，柯札克在戰時發表於《「孤兒之家」週報》的文章，存留下來的有二十二篇。

我，想擠到前面去。他的手都凍得發白了。
我對他說：「安靜站著，不要推。」
他說：「我沒票。」
我說：「等等，你等下就會付錢了。」
他說：「我等下就要下車了。」
我說：「把手放進口袋吧，這樣比較暖和。」
他說：「那就請您讓開。」
他使盡全力把我推到旁邊，所有人都對他吼叫，但是他高舉著手，擠到了車掌身邊，付了錢，拿了票，直到此時，他才把手放了下來，然後雙肘並用，擠出一條路下車。
我不知道那男孩是什麼人，我甚至沒有看到他的臉，只看到那凍僵的、舉得高高的小手，只記得他那起先不耐煩、後來憤怒的聲音，說：「我得付車錢。」
接下來二十年間，當我思考什麼是誠實的人和不誠實的人，我總會在會議、教育討論會和演講時提起這男孩。

「那男孩是個誠實的人。他一點都不在乎別人沒有付錢，也不在乎車掌根本不想要他的錢，更不在乎擠到車掌身邊有多困難、車上有多少群眾、天氣有多冷。他只知道：搭車就要付車錢。那錢不屬於他，因此他要把它交出去。」

那是很久以前，在上次戰爭發生的事了……

而現在，在捷爾納街的孤兒收容之家，我看到了另一個孩子。我不知道那是個〔男孩還是〕女孩，我也不記得他的臉或名字，我只知道，那孩子是讀幼稚園的年紀。

這件事發生在收容之家的寢室。我剛好經過，裡面有點暗了，我在一張床前停下，上面躺著一個孩子。我原本以爲他病了，於是大家忘了他，這種事經常發生。

我彎下腰，發現那孩子已經死了。

就在這時，那讀幼稚園年紀的小孩來了，把一塊塗了果醬的麵包放在死去的孩子枕頭上。

「你幹嘛給他？」

「因爲那是他的份。」

「但是他已經死了。」

「我知道他死了。」

「你怎麼知道的？」

「嗯……之前他的眼睛是張開的，從鼻子和嘴巴裡吐出泡泡。你看，枕頭上濕濕的就是他的口水。然後他閉上眼，就沒有呼吸了。」

「那你爲什麼給他麵包？」

「因爲那是他的份。」那小孩不耐煩地說，因爲我問了一個不必要的問題，因爲我，一個大醫生，竟然不了解這麼淺顯易懂的事：「這是他的，不管活著還是死了，他都有權利擁有自己的一塊果醬麵包。」

我不會再活二十年，去告訴別人關於這第二個我遇過的誠實之人中最誠實的人。所以，爲了紀念這件事，我在這裡寫下簡單的幾個字：

「這是他的麵包，這是他的份……」

麗塔決定不再偷竊時，寫了一篇很棒的文章。若有人讀了這篇文章，一定會這樣想：「眞有勇氣，眞誠實又有智慧的女孩啊。如果她有堅強的意志力，就能履行承諾，做個誠實的人。生命告訴她，眞誠的道路才是安全又公平的。」

因爲麗塔看見了兩條路，她推開、拋棄了其中一條，選了另一條。這種事經常發生，我也多次親眼見證。

但是偶爾，非常少見地，會有一些人從生下來就只知道一條路……他們的誠實沒有算計。眞正的誠實只知道一件事：這是我的，那不是我的。我不會去動不屬於我的東西，我會把屬於別人的東西給他。我不應該拿這個，該拿的人是他。他的誠實沒有算計，他一直知道要誠實，無論何時、何地。

一般人會說：「蠢蛋，幹嘛要爲了付〔車票〕而推擠啊。眞笨，還把麵包放到死人嘴邊。」一般人就是這樣說的。他們會〔——〕和讚嘆。他們很正直、很聰明，但是很少像〔——〕一樣〔——〕。

關於給垂死街童的醫療部門計畫[1]

一九四二年三月五日

十個我的小觀察指出，隔離區居民的緊張程度一天比一天惡化。（這種情況我們已經在「移民」、流放、監獄中看到過。）

現在我要談談幾個「不要把人逼瘋」的準則。

1. 不要把那些看到乞討街童的行人逼瘋。他們看到孩子們瘋狂乞討，也看到孩子們被罪犯利用而乞討。
2. 不要把警察部門的年輕男孩逼瘋。他們毫無計畫地在街上抓孩子，然後接到指示，把孩子們從一個收容所送到另一個收容所（因爲沒有空位）。

3. 不要用垂死街童骨瘦如柴的景象逼瘋照顧孩子的保育老師。

4. 不要逼瘋那些還有責任感、但是知道自己有多無力、猶太人委員會有多無能的醫生。

5. 不要逼瘋那些優秀的社會工作者。

◎

1. 在每家醫院，都應該要有一個給兒童的停屍間（明亮、寬敞的房間），旁邊要有驗屍室，在死因可疑時可供解剖。

2. 要有一個「溺斃者」的中央管理機構，在這裡醫生可以決定是否還要拯救病患，還是減輕他們在最後一段路上的痛苦（安樂死）。

3. 要有治療重症孩童的部門。

1 編註：本篇原無標題，標題為柯札克研究者所訂。

4. 要有隔離檢疫。

5. 要有出院的據點，收容所和教育機構可以來這裡登記他們有幾個空位可以收容孩子。

總共加起來，只會使用到醫院六個房間，不會花很多錢，但可以成爲有效運作的機構。

◎

我在捷爾納街服務的一個月來到終點了。我志願成爲管理垂死孩童部門的主治醫師。（曾經有過治療絕症病患的西藏醫生。）

關於主要收容之家的員工

一九四二年三月十九日

有一次，有個社福部門的公務員在公開會議中不滿地說：猶太孩子才沒有不斷死去。我建議他去找猶太人委員會，後者會很樂意提供這方面的協助。人們以爲我在嘲諷，但這不是我的本意。

另一次，一位重要官員想用數據說服我，猶太人沒有被稅制剝削，我說，有一些經費和（立刻可以獲得的）額外補助，是猶太人無法使用的，這些經費被大量揮霍在與生產無關的地方，而猶太人要等上很長一段時間才能獲益。最重要的是：解決人民需求的經費，被把持在不適當的人手裡。

他說的沒錯，這種事不只發生在猶太人身上——戰前的墮落時光，以及卑鄙的社會關係。犯罪事件急速竄升，死亡帶走了第一批犧牲者。街道仍是乾淨的，所有的社區都有腐爛的走廊和庭院，不只是猶太人的社區。

有些誠實的公務員看到、也知道這些事，但是他們無助地發抖，想捧好自己的飯碗，顧好自己的家庭和退休金，也想給有錢人留下好印象。

一個因爲工作而滿頭白髮的社福人員在正式會議上呑了一口口水、艱難地說：「他們讓我成了一個鐵公雞，只因爲我知道該怎麼省錢。」

戰爭爆發的第一個星期，謝德勒茨基參議員就自殺了。[1]讓我們懷念他。

戰爭。一個比一個更狡詐的鼠輩四處橫行，貪婪的昆蟲埋伏著，還有無助、愚蠢、飢餓的愛哭鬼。

也許這是天眞的說法：我在克羅赫曼那街九十二號動員了員工，頒布了戒嚴，而那些逃兵們，我則威脅，會在道德上判他們死刑——

我們每週的會議都看起來像是戰爭會議。

「孤兒之家」的員工和財產就是這麼保存下來的。

這個人和那個人是英雄，而所有人都是訓練有素的士兵。很容易判斷每個員工可以做什麼，不能做什麼。

一個人犧牲了。[2]

青少年和孩子們都有各自的職責，他們有共同的事要做，共同的大鍋飯，共同的擔憂和嚴格的訓練。

主要收容之家的情況就很不同了。它一開始崩壞了好幾天，接下來是崩壞了好幾個月。那裡充滿了自以爲是的實驗、高風險的目標、愚勇的毀滅、沒有完成的任

---

1 史坦尼斯瓦夫．謝德勒茨基（Stanisław Siedlecki, 1877-1939），化學家，社會運動者，曾任波蘭參議員。他是「我們的家」協會的成員，三〇年代也出任過會長。他在一九三九年九月十七日，俄國入侵波蘭時自殺。

2 這邊的犧牲者指的是約瑟夫．史托克曼（Józef Sztokman），他曾是「孤兒之家」的院童，後來是「孤兒之家」的員工，他在一九三九或一九四〇年過世。他曾經和柯札克一起在「孤兒之家」的屋頂值班，把打到「孤兒之家」的燃燒彈弄熄，但他在屋頂上受了風寒，因為肺炎過世。「孤兒之家」在一九四〇年為他舉行了葬禮，並且在他的墓前用「孤兒之家」的旗子宣誓要過著和平、勤勞、真誠的生活。

務——總歸一句話，大家都在等待救世主，或是等待一個邪惡的彗星帶來世界末日。

彷彿百頭怪物的員工（加上他們的家人，就有幾百個），瀕死的孩子們——寒冷，飢餓，傳染病。

猶太人委員會就是在這樣的情況下接管主要收容之家，而我也就是在這樣的情況下，在去年冬天接下掌管它的任務。

地下室和倉庫裡空空如也，只有八百公斤腐爛又破破爛爛的內衣和衣服。

贊助人有奉獻精神，有好的動機，但僅止如此。委員會只剩下一小撮人，但他們的任務「不是拯救孩子，而是拯救基金會」。主管們裝聾作啞。

奇爾須布朗醫生去奧特沃茨克拯救自己的健康了，梅茲納醫生在猶太人委員會的正式會議上提出要關閉收容所，艾普斯坦主任得了斑疹傷寒，女醫師窺探每個人的動向——護士會把孩子們分類成重病、極度重病、垂死和死去的，底層的員工則刷洗走廊、房間、甚至樓梯。

痰盂被放在門口了。

員工

員工要不是還沒進醫院，就是得了斑疹傷寒出院了。一個在打冷顫，另一個身上有蝨子，第三個身體不舒服。他們就像幽靈般飄來飄去。

我滿懷柔情地想起我在捷爾納監獄（就在隔壁）度過的時光。

整體觀感（十五個人投票，每個人有各自的立場、個性——甚至彼此敵對）。

給一位身分不明的女士的信[1]

一九四二年三月二十三日

敬愛的女士：

我在理直氣壯的憤怒中對諾西格先生[2]說了幾句實話，我為此向您道歉，而不是對他這個邪惡又心懷惡意的侏儒。

我照料一小群孤兒的生活及健康，幸好，這些孤兒們不知道他們的命運有多悲慘。

有些孩子全家（父母、兄弟姊妹）都死了，只剩他一個。

有個孩子的母親在瘋狂中奪走了自己的性命，有個孩子的父親被殺了，或是被叫去上戰場然後再也沒有回來。有些孩子好幾天都和腐爛的屍體關在一起，身上還沾滿了瓦礫碎片。某場爆炸殺了某個孩子全家，也把他的一隻眼睛燒掉了。這些孩子有些來自法蘭克福，有些來自羅茲，或來自數十個被燒毀的小鎮。來自文明西方的您，不會知道木頭房子燒起來有多可怕。

我求了好幾次，求諾西格先生給我一個房間當作孩子的休閒空間／閱讀室／遊戲間，讓我孤兒院的孩子，以及那些因爲空間不足，我們無法收容的孩子在冬天的短短幾個星期使用。

但是他不答應。他寧可要一個空的、整修好的房間。整修花了幾千波蘭幣，是他從貧苦人那裡掠奪來的血腥錢。

1 編註：本篇原無標題，標題為柯札克研究者所訂。

2 艾佛列．諾西格（Alfred Nossig, 1864-1943），作家、雕塑家、音樂家，一九四〇年開始在猶太隔離區擔任蓋世太保的特務（之前他就和德軍的特勤機構有關聯），後來被猶太戰鬥組織（Żydowska Organizacja Bojowa）的人射殺。

我說：「這人的存在眞是人類的不幸。」

如果您對那個沒智慧、沒良心的老頭還有影響力，就請您（我相信您是有智慧又善良的）告訴他，神的懲罰已經降臨在他罪惡的沙龍，不只如此，神還會懲罰他本人。

我說您是善良又有智慧的——我只是重複人們對您的觀感。

我再次向您道歉，在沉默了一年之後，我在夜間、而且在病中爬起來寫這封信給您，沒有一絲猶豫，我坦白向您說出讓我痛苦的事——

我最後再補充一點：這已經是我人生中第四場戰爭，第三場革命。我這個人生經驗異常豐富的老人，辱罵了另一個老人。戰爭會塑造一些人，讓他們變得堅強，但是會讓另一些人憤怒、變笨、墮落。諾西格先生過去一定被命運寵壞了，才會讓他今天在嚴酷的人生學校中，連字母都不會拼。

在此致上我深深的敬意

P.S. 我是在深夜寫這封信的。現在我有了新的想法，無論如何，我都想要和諾西格先生和解。

諾西格先生因爲良心不安，無法來我們的樓層探望我們。如果他來，也許他會對幾個有天分的孩子感興趣。這些孩子喜歡畫畫。也許諾西格先生可以給他們一些指點，協助他們進步？

敵人可以變成好友——這種事太美好，令人無法置信。但是我們畢竟也讀過《小公子》[3]的故事，在故事中，小公子把一個自私、厭世的人變成了好人。

我重複：這種事太美好，令人無法置信。

3《小公子》（*Little Lord Fauntleroy*），英國作家法蘭西絲・霍森・柏納（Frances Hodgson Burnett, 1849-1924）的作品。

給亞伯拉罕・蓋普納爾[1]

一九四二年三月二十五日

敬愛的董事長，親愛的亞伯拉罕・蓋普納爾（正如您所希望的稱呼）：

我不知道，我這樣做是否正確——我看起來孤僻，但其實我是完全和家人和親近的朋友保持距離，這樣他們才不會妨礙我的工作，也不會擾亂公私之間的界線。

我抱著最高的敬意，想著我們的一個員工。在戰爭爆發時，她坦白地說：「我有一個老母親、一個生病的丈夫，還有一個賺錢養家的女兒。現在我必須照顧他們，等戰爭結束，我會再回到這裡。」之後，她沒有一次來開會，也沒有來「孤兒之家」，雖然她就住在附近。

我不知道，我這樣做是否正確——因爲我的處事規則和別人不同，我冷漠地（？）看著我親近的人死去。過去兩年，我姊姊與命運搏鬥，她是我童年時期唯一也是最後的回憶。她是世上僅剩的會叫我名字的人。如果她可以活過這個冬天，那不會是我的功勞。

我和我在申請書中寫下的願望的關係——我就留給您去猜想。我只想補充，她是個力求精確的公務員，總是會爲事情能順利進行，放棄個人的利益，這從她爲客戶處理私事時的態度中可以看出。

（有一次，她爲了找一個技術上的字眼在外文中的說法，打電話給許多人和政府機關，還去了圖書館和工會。許多外國的公司請她幫忙翻譯價目表、型錄、合約和支出明細。在上次大戰之前，她翻譯了「外國旅客」[2]的宣導手冊。）

---

1 編註：本篇原無標題，標題為柯札克研究者所訂。

2 「外國旅客」（Inostrannyj turist），一九二九年成立於蘇俄的旅行社。

許多價值今天無用武之地——但從中可以看出這名員工的個性特徵。她不會讓信任她的人失望，這點我敢肯定。不然的話，我就會冷漠地拒絕她，就像我拒絕了許多煩人、自大、隨便、不值得信賴的人。

在此獻上我的忠誠和敬意。

給赫許・卡利謝[1]

一九四二年三月二十五日

親愛的哈利！

我感覺到，你生我的氣。你誤以爲，我對你的好感已經冷卻了，也許你和盧佳都認爲我變了，而你不知道爲什麼。

1 赫許・卡利謝（Hersz Kaliszer, 1912-1943），又稱哈利（Harry），曾是「孤兒之家」的院童，也是兒童報紙《小觀點》的第一批寫手之一。後來雖然四處遊歷，但和「孤兒之家」保持密切聯繫。他於一九四一到一九四二年間在猶太隔離區的兒童緊急收容中心（Pogotowie opiekuńcze）服務，擔任副主任。〔編註：本篇原無標題，標題為柯札克研究者所訂。〕

你們都弄錯了——我們就像以前一樣親密。在我現在這個年紀，我比以前更珍惜好友，因爲他們都慢慢離開這個世界了。好友的人數越來越少，我身邊有越來越多令人痛苦的空位，沒有新的朋友來塡補。

你和我的關係改變了，我對你的友情也變了，但是沒有比以前少。這一切是因爲你現在和以前不同了：你長大了，你的靈魂變成熟了，變得像個男人。

要怎麼描述你以前的人生觀？人生讓你覺得有趣，一切都很好玩，人們也很好玩。即使是做壞事甚至犯罪，都深具喜感。

你對人生和人類很感興趣，你有觀察力、批判精神，有行動力，也是個好夥伴。你看過許多人事物，看得很清楚，很深入。你活力充沛地做出反應，帶著幽默，雖然自己並不想要如此。人們原諒你，允許你胡作非爲——甚至挑釁你：他們也需要你搗蛋，做爲他們荒蕪生活中的調劑。你這個野心勃勃的「惡作劇家」爲所欲爲。人們害怕你，但又喜歡看到你，他們對你又好氣又好笑，這讓你很開心。

你逃避所有讓你痛苦的東西——你把軟弱、缺乏抵抗力和堅毅，看成你的力量所在。

突然，你用清醒的眼光看世界，留意到周遭發生了什麼事。你從男孩的夢中醒來，你花了比別人長的時間抗拒眞相，殘酷的眞相——你付出的代價是怯懦和不誠實。現在，你變得勇敢而且正直了。

早在之前，當你外表看起來還是個三心二意、喜歡惡作劇的輕率男孩，你的內在就已經成爲一個男人，理解自己所要承擔的共同責任。

乞丐不再有趣，使用下流的手段也不再好笑。現在，自吹自擂和輕易的批評對你來說成了不入流的、尋找舒適答案的方式，它們無法回答那個最根本的問題：該做什麼？我們該做什麼？你和盧佳，還有我和其他你所親近的人。

我們可以說，這是突如其來的良心發現，以及喚醒它的渴望。

你的工作和那些你該做的、你想要做的比起來，是微小的，但是在這沒有人想要做些什麼，在這造成無數人痛苦死亡的情況之中，你的工作是偉大的。

把你的工作當成是考驗和一個發展的階段吧。不要試圖超前。在結局來臨之前，我們需要你的青春、能量和力氣。不久之後，你會迎接新的挑戰和新的任務。

沒錯吧？我可以倚賴你和你們，把你們當作親密的、成熟的同袍嗎？
我以男人的、士兵的方式和你及盧佳握手。

給一個身分不明的女孩的信[1]

一九四二年三月二十五日

親愛的哈妲絲卡！

我要告訴你三段回憶。

我那時是個很年輕的醫生，在醫院工作。有天晚上，一個母親抱著一個窒息的孩子過來。她乞求我幫助、照顧孩子。我答應了。我不眠不休地在那女孩的病榻前待了好幾個夜晚，最後她康復了。

1編註：本篇原無標題，標題為柯札克研究者所訂。

當母親要帶她的獨生女回家時，她謝謝我，還請神保佑我。

「我要怎麼向您表達我的謝意？我邀請您來參加她的婚禮吧。」

「即使是在世界的另一端，我也會趕去。」

還有很多像這樣的母親，和像這樣的家庭。沒有人兌現承諾。一些孩子離去，新的孩子又來。時光一年一年地流逝，許多精力都消耗在枯燥繁重的工作中。

戰爭——革命——傳染病——可怕的俄羅斯冬天。

我受命照顧四個兒童收容所，裡面收的都是在前線走失的孩童，還有被強迫搬遷的，他們被安置在基輔附近的農舍和別墅中。

我一天工作十六個小時。我晚上吃力地穿過及膝的雪地，巡視收容所所在的區域兩遍，給眼睛發炎的孩子滴眼藥水，給長疥瘡的孩子擦碘酒，給皮膚潰瘍的孩子包紮。我很餓。

孩子們也很餓。除了魚乾，沒有什麼東西可吃，我帶著男孩們從森林中偷木頭當柴燒。樵夫開槍打我們，就像對烏鴉掃射。在共產化的森林裡，竟然還有資產階級的樵夫。

我偷偷買麵包，然後在夜晚、在黑暗中吃下，像是小偷。我隱瞞這件事，我不好意思承認。

「我沒辦法，我的飢餓不能超過某個程度，我必須有力氣。」

一段去年的回憶。

我在一個攤子前停下來喝蘇打水。我還來不及伸手去拿杯子，從我左右兩邊就伸出了幾隻手——或者該說是爪子。

「A trynk。」這是「喝」的意思。[2]

我丟下二十分錢，把杯子留下。我感受到的不是同情，而是噁心和恐懼。

親愛的哈妲絲卡，我想把我的師父和靈魂的雕塑家——瓦茨瓦夫・瑙科夫斯

2 意第緒語。

基——的思想傳達給妳。他是一個偉大的學者、奉獻自我的社會運動者、英勇的戰士，他堅強又固執，在進步的敵人眼中，他固執又危險。瓦茨瓦夫．瑙科夫斯基曾寫道：「我們不應該爲了社會的目的過度浪費個人的人生，有感情、會思考的個人，實在是太珍貴了。」[3]

沒錯，可愛的哈妲絲卡，妳完全有權利玩耍、過開心的生活，妳有權利擁有舒服的床和乾淨的內衣褲，有權利洗澡、吃餅乾，有愉快的想法，還有權利做個好夢。我寫下這些權利，而且我肯定這些權利，因爲妳最親近的人有其他的守則：給自己最少的，把所有的一切留給他人。

如果這所謂的社會不是這麼貪婪、嗜血，我寫下的守則就能實現，雖然不是那麼容易。但像現在這樣，這守則就變得有害、危險。

把這張紙收起來吧，當妳找到它們、讀過它們時，妳會同意，心不一定是對的，有時候，妳無法安心地把自己的命運交給它。

祝安好

3出自瓦茨瓦夫・瑙科夫斯基的《社會與眾人：草稿及社會評論》。（Wacław Nałkowski. *Jednostka i ogół. Szkice i krytyki społeczne*. Kraków: Nakł. Ursyna Czatowicza, 1904, p. 2.）

摩西的聲音……來自應許之地的聲音……（逾越節[1]的隨想）

〔一九四二年三月？〕

它在嗎？它眞的存在嗎？世上眞有這樣的地方嗎？

有，還是沒有？

我想要知道，什麼是自由，什麼是被奴役。

我的意志存在嗎？我有自由意志嗎？我是一個自由的人，還是奴隸？

自由的應許之地存在嗎？還是永遠、到處都只有苦麵包和管理員的鞭子？管理員會下令，叫我做這做那，我不想，但我必須。我可以做我生命的主人嗎？我自己生命的主人？我是否能做我呼吸的空氣的主人、我喝的水的主人、我吃的麵包的主人、甚至是傷害我的鞭子的主人？

做奴隸非得不快樂嗎？奴隸難道不能有快樂的時光？而自由的人，他的日子一定就得艱難、痛苦、憂愁嗎？

我是一個奴隸，我有主人。他命令我，而我必須聽他的話，照他說的去做。

我的主人可能很好，他今天可能很開心，他可能喜歡我，也許他的命令很溫和、很容易實現？也許他甚至會允許我不完成他的命令，也許他有時候會問我，我想要這樣，還是那樣？

也許，有一個人告訴你要做什麼，還比較舒適方便。因爲我可以不用想，因爲我自己也常常不知道我想要還是不想要，我想要什麼、不想要什麼，今天、此時此刻我該做什麼？

1 譯註：逾越節（Pesach），猶太人的節日。根據〈出埃及記〉，猶太人在埃及時，被埃及人奴役、折磨，神要摩西帶領以色列人離開埃及，脫離奴隸身分，並且降下十災，迫使法老讓以色列人離去。其中最後一災是長子之死，神派的使者擊殺埃及所有長子和頭胎出生的生物，但跳過以色列人的家，因為以色列人遵照神的指示，把公羊羔的血塗在門上。過逾越節的時候，猶太人會吃一些象徵性的食物，如蛋、羊肉、無酵餅、苦菜、水果泥等，這個節日為期八天。

我想當主人的奴隸，他喜歡我，會給我獎賞，他很開朗，甚至沒有鞭子。我的主人很少打人或甚至完全不會打人，他只會生氣，只是有時候會生氣地大吼。或是，他甚至從來不會對我大吼，因爲他喜歡我。他只是有時候會皺眉，或露出嫌惡的表情，或憤怒地望著我。

我是個開朗、快樂的奴隸，我成功了，我成功了，我過得很好。

有些人會因爲當奴隸而歡笑，有些人會因自由哭泣，因爲他很憂鬱、不快樂。

然後我聽到摩西的聲音，他說：「我要求，我命令你，要你渴望當個自由的人，跟我來吧。我會帶領你到自由的應許之地。奴隸的生活悲慘、墮落，那是活在恐懼、輕蔑之中的人生，你不停工作，但不是爲自己好，也不是爲自己的兄弟，而是無腦地爲法老王蓋金字塔，他是最強大的，是國家裡所有主人的主人。石做的金字塔是尊榮的陵墓，它永恆矗立，無法被遺忘，永遠都在提醒世人法老王曾經活過，而且是所有人的主人，大家都要聽他的話。」

「這些用來做金字塔的石頭，可以給全城的人蓋房子，保護大家不受嚴冬酷暑的侵害，可以擋住沙漠的熱風和燙人的沙子，不只可以保護我們，還可以保護我們的子孫。」

「不。整個民族的奴隸都爲了一具屍體工作，只是爲了讓世界記得他。」

摩西沒有承諾子民，說以後他們不工作、不受苦，就可以吃好吃的麵包或喝香甜的美酒，或用多汁的水果解渴。摩西的應許之地是一段遙遠、艱困的旅程，是迷失和尋找，是沙漠中的營帳，是一個主人和一個國王的一個命令——這個主人/國王不要金冠也不要大理石宮殿，不要森嚴的戒備，不要謙卑的禱告，不要彎腰鞠躬，不要祭品，也不要別人爲了他的舒適和尊榮而工作。

那裡，在沙漠的山丘上，在一塊普通的石頭上，主人/國王說：我是你生命中的唯一眞主，你要爲自己和你的兄弟而活、而工作。

你唯一的報償是：可以在第七天休息。那是寧靜、安和的一天，星期六則是給你的心、你的手和你的思想。

自由靈魂的自由思想。以及頭頂的星空。[2]

不要殺人。

不要偷竊。

只要求你應該擁有的東西，不要去要求你的兄弟的權利、好處、財產。

我，你的神，不會去區分誰是猶太人、埃及人，也不會去區分誰是主人、統治者、國王，誰是奴隸和臣民。[3]

尊敬你的父母，因爲你就是你自己的父母，因爲你是自己的主人和創造者。

你的思想是屬於你的，你的靈魂是你的，你的聲音是你的，你的命令是你的，你的神是你的。

你只要尊敬、聆聽你自己。你是人。

神創造了兩個自由的人，然後給了他們天堂。他們犯了奴隸的罪。

從洪水中倖存的諾亞犯了罪，而他的兒子取笑他。[4]

索多瑪的地獄無法燒盡所有的罪惡。

語言、國家的混亂瘋狂[5]沒有教會人們去克制欲望，只要求自己能夠擁有的東西。

這就是你們會扛著的櫃子，[6]而在這裡面，有著對應許之地的渴望，那裡沒有快樂或幸運，沒有玩樂、歡笑或滿足，但有著自由的工作、自由的戰鬥，以及自由人的自由生活。

奴隸在尋找主人和會下命令、給予獎懲和報酬的統治者，奴隸希望主人出於慈悲，給他這些東西。

自由的人在自己身上尋找命令和完成工作的報酬。他給予自己報酬，自己獎勵和懲罰自己，他感謝神給他乾淨、自由的人生，他感謝父母，讓他可以快樂地擁有乾淨、自由的良心。

---

2 譯註：此處應該是在呼應康德所說的：「有兩樣東西，越是經常而持久地對它們進行反覆思考，它們就越是使心靈充滿常新而日益增長的驚讚和敬畏：我頭上的星空和我心中的道德法則。」（李秋零譯）

3 譯註：呼應〈加拉太書〉三：二八：「並不分猶太人、希臘人，自主的、為奴的，或男或女，因為你們在基督耶穌裡都成為一了。」

4 譯註：〈創世紀〉第九章中記載，諾亞喝了酒醉了，在帳篷裡赤身裸體，他的兒子含看到了，就去外邊告訴兩個弟兄。

5 譯註：「語言、國家的混亂瘋狂」指的是巴別塔的故事。

6 指的是「約櫃」（Ark of the Covenant），裡面放著寫著十誡的兩塊石板。

給主要收容之家的信[1]

一九四二年四月二日

給
敬愛的
娜塔莉・贊德醫師

寫給捷爾納街的好朋友們……

今天是逾越節晚餐的第二天。我本來今晚要去你們那裡，但是我沒辦法過去。所以我寫信給你們，讓你們知道，我記得你們，並且祝福你們。我衷心希望，即將到來的夏天會讓你們覺得愉快。

但是我沒辦法去找你們，因爲我老了，又累又弱又病。我昨天白天在你們那裡，我們一起開會討論要怎麼做，才能讓你們健健康康，每個人都有一張自己的床，讓你們過得不會比其他收容所的人差。

晚上我回家的時候下了雨，而我之前就感冒了。我累到了，因爲路途遙遠。我很想要上床休息，但是在我們的「孤兒之家」有客人，他們來吃逾越節晚餐，所以雖然我頭痛、背痛、手腳疼痛而且咳得很厲害，我還是沒辦法上床休息。我假裝健康、心情愉快，這樣孩子們和客人才不會難過。然後，我又更累了，夜晚我也沒有好好休息。

你們知道，當一個人全身都痛、難以下床走動、渾身發冷又咳嗽的時候，那有多難受。

老去眞是令人不愉快。但有什麼辦法？只得如此，而且沒有別的辦法。最適合老

1編註：本篇原無標題，標題為柯札克研究者所訂。

人的地方、最好的解救方式是讓他躺在床上，讀一點書，想一想善良的人，想一想世界會更好，人類會更好。

沒有人會掠奪別人的東西，沒有人會打人，沒有人會找任何人的麻煩。

也許明年的逾越節我們會一起過？我眞的很希望可以如此。也許一年後，我們會住得比較近？那樣會很方便。因爲現在從捷爾納街到謝爾納街很遠。

在這段期間，只好湊合著過。但是今年我可以好好祝福你們，回憶和你們一起度過的那一個月，那時候，還是嚴酷、黑暗的冬天。

祝福你們，我親愛的。你們要好好活著，過得健健康康，快快樂樂。我全心全意祝福你們。

給猶太人委員會藥局部門公會成員的信[1]

一九四二年四月九日

給

猶太人委員會

藥局部門

公會成員

1編註：本篇原無標題，標題為柯札克研究者所訂。

各位敬愛的先生們：

在醫學院的最後幾年，我和一群朋友做著半非法、也不是那麼安全的工作，在我們的小團體裡，有個誠懇的藥師。當他在莫多瓦街的藥局值夜班時，我們聚在一起辯論了許多議題，也討論了許多美好但無法實現的計畫，我們想著，如何在新世界中打造新的人類。[2]

之後，當我開始在文化界初試啼聲，我的同盟和慷慨的保護者也是一名溫和、善良、有理性又有智慧的藥師，他是在普魯居那街和馬沙科夫斯卡街轉角執業的老克林普。[3]

這都是四十年前的事了。

再後來，我在合作的藥局認識了一位無私的藥師，他是偉大的柴門霍夫那安靜、低調的兒子。[4]

這就是我和藥師們的回憶。

一路走來，藥師們給了我許多微小又珍貴的幫助。當我不確定某些藥品的成分、強度和效用，向藥師請求協助，他們總是不吝於提供我知識和建議。

脾氣暴躁和輕率冒險的個性常常是醫師的缺點，在此同時，你們藥師的優點則是謙遜和謹慎。

我衷心希望能和你們一起度過愉快的時光。這年頭，和令人愉快的同伴相處是一項奢求，但又如此必要。

可惜，我必須把剩下的力氣和精神留給灰暗的日常瑣事和戰鬥。

我真心祝福你們的活動成功，我多給的兩塊銀幣——尊貴的貴金屬——應該能夠

2應該是指梅切斯瓦夫·阿內德特（Mieczysław Arndt, ?-1940），他是莫多瓦街九號藥局的合夥負責人。

3李歐珀·奧古斯特·克林普（Leopold August Klimpel, 1865-1942），馬沙科夫斯卡街（ul. Marszałkowska）一百四十七號藥局的合夥負責人。

4菲力克斯·柴門霍夫（Feliks Zamenhof, 1863-1933），他的妻子海蓮娜·柴門霍夫（Helena Zamenhof, 1874-1940）是孤兒援助協會的成員。

證明，我想要的不只是這張門票，而是更多的東西。

在此附上我的敬意

關於「警察和孩子」的計畫[1]

一九四二年四月十三日

今年四月十日，在警察總部的要求下，我準備了一份關於如何解決「街童」問題的計畫書。

這個計畫必須以最快的速度拍板定案，因爲它涉及主要收容之家的改善。主要收容之家不能每天都收下一大批由警察和猶太人委員會照顧部門送來的孩童（但是它正

1編註：本篇原無標題，標題為柯札克研究者所訂。

在這麼做），甚至連猶太孤兒與棄兒聯盟照顧中心總部都把孩子送來。[2]

警察和孩子

時局艱困，所以我們得說醜話。

很明顯，我們必須盡快行動——這樣可節省精力和資源。

我們也不要浪費時間咬文嚼字了，在這種時候撒謊是寡廉鮮恥的下流行爲。

1. 警察總部應該下令叫醫院部門決定，哪一間路途上的醫院（萊施諾和札拉茲那街的轉角？）有絕對的義務要收下所有孩童的屍體，以及瀕死的孩童——無論在白天還是夜晚。
2. 警察總部應該要設立一個處理孩子事務的特別部門。
3. 在所有的晨會、所有的指令中，都要提到和孩子有重大相關的部分。
4. 警察訓練課程中應該要有一個主題是「孩子」，兒童的議題不應該被放在其他「重要事項」底下。

5. 每當有孩子受到傷害，警察總部應該動用一切資源，抓住犯人（或犯人們），然後鐵面無私地把犯人交給法庭，不用裝出愧疚。（我不認爲，把被槍斃的罪犯的名字張貼在海報上，會有損猶太社會如何對待孩子的傳統形象。）

要能快速行動，我們需要採取以下步驟：

1. 每棟大樓的門房都必須立刻把孩子送到他該去的地方，住戶委員會[3]有權利向警察要求退還運送孩子的車馬費。
2. 值班警員、管區還有每名員警都應該隨身攜帶一個收容所的地址（而且那個收容所一定得收留被送去的孩童）。
3. 每個分局必須有一個角落，提供給那些深夜才被送到警局的孩子休息。這角落

2 猶太孤兒與棄兒聯盟照顧中心（CENTOS – Centrala Związku Towarzystw Opieki nad Sierotami i Dziećmi Opuszczonymi）是一個成立於一九二四年的機構（資金來源之一是美國猶太人聯合分配委員會），有自己的照顧中心、學校、診所，也舉辦夏令營。柯札克在二〇年代曾參與過這個組織舉辦的社會運動，但在猶太隔離區，柯札克則和中心起了衝突，時常批評中心的員工。

3 住戶委員會（Komitety domowe）是一個猶太隔離區居民的自助機構，在社福方面做出許多貢獻。

可以是樓梯口或玄關，只要可以讓孩子在那裡睡一晚就行。

4. 在藥局、抽屜或盒子裡，應該要有附使用說明的安眠藥。

5. 住戶和左鄰右舍，在遇到孩子的時候，都有義務給孩子一杯溫水解渴（如果沒有溫水，水龍頭的冷水也可以）。

警察可能會在街上遇到這些孩子，或是被叫去公寓中庭或私人住宅找這些孩子：

1. 嬰兒和一歲以上、還不會走的孩子。
2. 有殘疾或缺乏體力、遭受意外或是有嚴重智能障礙而不能自己走的孩子，必須把他們載到醫院或收容機構。
3. 不想被送到收容機構，大吼大叫，或是做出激烈行爲引人圍觀的孩子。
4. 棄兒、迷路的孩子，或被臨時的照顧者帶來的孩童。這些照顧者通常都在很晚的時候才把孩子帶來，爲的是強迫警察局收留孩子一晚，但孩子無法洗澡也無法得到乾淨、除過蟲的衣服。
5. 在犯罪現場被抓到的大孩子和青少年。

6. 波蘭警察、憲兵或被害者（被搶或東西被損害）交給猶太警察的大孩子和青少年。

7. 被剝削（或懷疑被剝削）的孩子，被強迫乞討或做出犯罪行爲的孩子。

8. 雛妓。

9. 流浪兒。

10. 在街上和其他公開場合找到的兒童屍體。

兩個棺材（在斯摩察街上和西利斯卡街上）

〔一九四一／一九四二年冬〕

當我走在街上時，我總是直視前方，這樣才不會跌倒或撞到人。因爲我的老骨頭若是摔斷了，要重新長回來是很困難的。所以我沒看到他。或者，我看到了他，瞬間閃過一個念頭：「眞美麗的男孩。」也許我這樣想了，然後就忘了。

他十五歲，也許十四歲，或者十六歲。人們會說：「他度過了十五個春天。」他們這麼說，因爲青春陽光燦爛，開滿繽紛的夢想之花——即使在家裡和世上人們正遭遇著不幸。他經歷了溫暖的人生之春，十五個春暖花開、愉快的青春歲月，有著像是春天的蝴蝶一樣多彩的夢想。

許多像他這樣的男孩和女孩走在街上，他們美麗、明亮、乾淨，即使身上穿著髒兮兮、破破爛爛的衣服。

即使我在和那男孩擦身而過時注意到了他，我也對他一無所知。我不知道他母親是否還活著，我也不知道他是否有母親（以及父親），他父母在哪裡——是在這裡還是那裡？因爲現在人們經常四散各地，有人在這裡，有人在那裡，甚至連幼小的孩子也是，更何況是像他這樣的十五歲少年。

現在，聽我說：在一個寒冷的日子，在斯摩察街上，我看見了他。我可以說，那是我第一次看到他。

你們知道斯摩察街吧。它總是那樣，熙熙攘攘，匆匆忙忙，人們爭吵著討價還價，小販大聲吆喝，叫賣馬鈴薯、香菸、衣服、糖果。

而那美麗的少年很安靜，非常安靜，是所有人之中最安靜的——躺在雪地上，躺在白色、乾淨的雪上。

旁邊站著他的母親，不停重複，一次又一次：「拜託，救救他。」那一定是他的母親。她只說這兩句話，沒有大叫，只是輕聲、清楚地重複這兩句話，沒有其他。

「拜託，救救他，拜託，救救他。」

人們從旁走過，無人出手相救。他們沒有做任何壞事，因爲那男孩已經不需要拯救了。

他躺在白雪上，安靜、祥和、明亮。

他的嘴唇微張，彷彿在微笑。我沒注意到他的嘴唇是什麼顏色，但或許是玫瑰色，而牙齒是白色的。

他的眼睛是張開的，而在一隻眼睛，在瞳孔中，有一點小小的光芒，也許那是最小最小的星星，在閃爍著星光。

「拜託，救救他，拜託，救救他。」

現在我要跟你們談談第二個棺材。我想，那是星期六的事，我甚至敢說，一定是星期六。每個從孤兒院出門，走西利斯卡街左邊人行道回去（探望家人）的人，[1] 一定都會看到這個棺材。

棺材裡躺著一個孩子，年紀很小，或許只有三歲！我只看到他小小的腳，小小的腳趾頭。

他躺在一面牆邊，用紙包著，也在雪地上。我不記得那紙是灰色還是黑色，我只知道，那灰色或黑色的紙包得很嚴密、精確、平整，是被人細心、溫柔地包上去的，從頭到腳，還有兩側，都纏了細繩。

除了那小腳上的腳趾頭。

某個人，在把這裝著孩子的小小包裹帶到雪地上前，曾經仔細地把它包好。

當然，那人是孩子的母親。

當然，家裡沒有紙和繩子，她一定是去商店買的。

我只知道這些了，除此無他。也許，我還可以告訴你們，這母親是怎麼生下這孩子，她流了紅色的血，然後用白色的乳汁哺餵他，用她乳房裡白色、香甜、溫暖的母乳。

你們一定想知道，爲什麼我要寫這個小孩？畢竟在此同時，有這麼多人死去——

1自從一九一二年起，「孤兒之家」就有讓院童可以在星期六下午回家探視家人（親戚）的規定，這在當時是個創舉，即使在猶太隔離區中，這個規定也沒有改變。

成人、女人、男人、有些年長、有些年輕。我在門邊、牆角、這地區的許多街道上看到這些死人，而活人們則在右手臂上別著有藍色大衛之星的臂章。

原因在此：這母親溫柔又小心、努力把這〔——〕的包裹包得整整齊齊，還用細繩把它纏起來。

紙張很厚，就是平常用來包東西的那種紙。

既然她如此細心，怎麼會讓孩子的五根腳趾頭還有小腳（直到腳踝）都裸露在外？她不可能沒注意到。

因此，她八成是故意的。

沒錯。

所以，那是爲什麼？

要把孩子的小身體用紙包起來，包得那麼平整，不是一件容易的事。但是又只有一隻小腳露出來。

如果你們想知道，我就告訴你們爲什麼。

母親害怕，行人會以爲，有人把這包東西丟在路邊，或是放在那裡忘了，或是弄丟了，或是匆忙之間暫時放在那裡，等一下就會回來拿。這是可能發生的。現在人們很難理性思考。他們匆匆忙忙，因爲廚房發放湯的時間很短，而在政府部門辦事總是要排很長的隊伍。

也許，某個路過的行人剛好會這樣想。再說，他也匆匆忙忙，沒時間多想。他可能只是剛好路過，想也沒想，只爲了確認包裹裡是否有什麼值錢、可用得上的東西，但他又不想徒勞地彎下腰，於是他可能會踢踢這個包裹，看看它是否堅硬，看看裡面有沒有東西可拿。

母親不想讓這種事發生，這是爲什麼她讓孩子的腳露出來，這樣人們就會知道，孩子沒穿鞋，也沒穿褲襪，裡面沒什麼好拿的。

這就是爲什麼她用這種方式包起死去孩子的屍體，她的小不點。

因爲如果有人踢了你深愛的人，那是很令人心碎的。而人們現在既沒耐性，又心神恍惚，他們經常說出違心之論，做出違背自己意志的事。他們所做的一切，只是反射動作。

畢竟，甚至連我們的夢——有時候也是無意義的——現在也很奇怪、雜亂無章。

提供建議的辦公室

〔一九四二年四月〕

孟諾許在日記中寫道：「有時候我會思考、問自己，爲什麼我沒被分派到照顧花的值日工作。我本來有的，而且做得很好，但是我不知道我爲什麼失去了這份工作。」

這麼小的一件事，小小的不公平，也許只是因爲誤會而產生。其他人知道怎麼解決這問題。他們會跑來跑去，問東問西，向這個人要求，向那個人哀號——製造出一堆噪音。

但是孟諾許．法萊伯格不喜歡抱怨。整整有一個月（也就是三十次），他沒辦法做他喜歡、擅長的事，而且他不知道爲什麼，花費許多精力一次又一次問自己：「是我的錯嗎？也許是我的錯？不然爲什麼這樣？」

他每天都在看月曆，數著五月還剩多少天，渴望知道什麼時候才會輪到他再去照顧花。

孟諾許在日記中寫：「我會問自己。」

沒錯，他問自己，因爲有誰會想要和他討論這件無足輕重的小事呢？他不好意思去找「孤兒之家」的員工，因爲不想麻煩他們，員工們不一定會願意回答他的問題。員工沒有時間。

喔，所以是這樣的：員工只有時間處理破壞、損失、犯規行爲，卻沒有時間處理一個男孩或女孩的微小願望。

我現在在星期三寫這件事。我五點鐘回到家，想要寫完給報紙的文章，拿給亨涅克。我來到自己的房間（同時也是隔離室），那裡躺著羅娜、漢涅奇卡和費露妮雅，桌上則擺著她們三個人的午餐。

我想起，廁所前面很安靜，是個寫作的好地方。廁所的看守員是里昂，我於是對他說：「去花園玩吧，我來幫你代班。」

他很高興，說了「謝謝」就走了。我拿了一塊木板當桌子，一張椅子和筆記本，就開始寫。

我想著：「我可以在這裡安靜地寫作。」

突然，也許才過了十分鐘，里昂回來了。我問他爲什麼回來，他什麼都不說。

我想，也許是莎巴小姐[1]多管閒事，對他說了一些什麼。因爲「孤兒之家」的員工常插手管那些他們不知道、不明白的事。他們以爲自己做的是對的，但是其實他們只是把事情弄得複雜，讓孩子難過。

但是里昂說，不是莎巴小姐。

「那是你和朋友在花園吵架了？」

「不是。」

「那你爲什麼回來？」

然後里昂開始哭。

他去了花園，但是他突然想到，也許他做錯了，也許他不應該同意，也許他應該拒絕我。

於是，就像孟諾許的情況一樣，孩子擔心的事很小，但是他卻在溫暖的大白天擔心哭泣。

這樣的好天氣，在波蘭的氣候中是不常見的啊。

人們說：「你們『孤兒之家』的孩子過得很好，他們總是笑臉迎人。」

這是事實，但也並非事實。

甚至早在戰前，在很多很多年以前，我就要孩子寫下：「我的十個煩惱。」有些孩子寫得很少，但有些孩子寫得很多，甚至寫了二十個、五十個煩惱。有些煩惱是我之前就知道的。所以這些是孩子們的煩惱：

「我的第一個煩惱是：我沒有爸爸（或媽媽）。第二個，我過得不好。第三個，

1 莎賓娜．雷澤洛維奇（Sabina Lejzerowicz），「孤兒之家」裁縫間的主任。

我弟妹。第四個，學校。第五個，我的床在這裡，而我的桌子在那裡。有人找我麻煩。『孤兒之家』有個員工欺負我。我沒拿到大衣。我的值日工作不好。有人拿走我的這個和那個。」

這就是爲什麼我們在「孤兒之家」設立了法庭、公證處、交換桌子的規則、零號桌子、值日生輪值表、報紙、月曆、監護人制度。[2]

一點一滴地，我們讓我們的生活上軌道。

但不是所有的問題都能找到解決辦法。有些事不是靠給所有人權利就能解決的，而是要靠個別的建議。

沒錯。

我試過各種方式。

我和孩子們打賭。[3]

戰後，我做了新的嘗試：我在牆上掛了一本小冊子，想要和我談話的孩子，可以在上面登記。

這些談話有時候在我房間（在兩間臥室之間）進行，有時候在小商店，[4]有時在教室，有時在他們星期六去探望家人之前，有時在晚上。

但是這個計畫失敗了。

有些人每天都會來煩我，有些人不好意思登記。有時候我沒時間，但最糟的是，我沒辦法提出任何建議。

有各式各樣的阻礙，但是最大的阻礙是，很少人是來尋求建議，大部分的人是來尋求幫助。

---

2 這些都是「孤兒之家」內部的機構。公證處是記錄孩子之間互相交換、買賣東西的地方，月曆則是讓孩子寫下簡短的訊息或想說的話，監護人則是讓孩子去照顧孩子的制度，可以是舊生照顧新生，或是一個孩子照顧另一個想要改正自己行為的孩子。

3 這是柯札克讓孩子自我約束的方式。如果有孩子想要改掉某個壞習慣（打架、罵髒話），他們就會和柯札克親自見面，約定一個星期只能有幾次壞行為。如果孩子的壞行為沒有超過約定的次數，他們就會賭贏，獲得兩顆糖的獎賞。

4 譯註：在「孤兒之家」，因為孩子從早到晚都會來要東西（筆記本、鉛筆、鞋帶、筆尖……），柯札克於是想出了一個辦法，讓這件事變得更系統性。他每天會在特定的時間發放東西，並且寫下誰在什麼時候得到什麼，如果有孩子忘記、遲到，就要等到明天。關於小商店的事，可以在柯札克的《如何愛孩子》第四章中讀到。

如果你可以給一個人一封信，或是為一個家庭做一件事，馬上每個人都想要得到幫助，有些人就會開始喋喋不休。

最糟的是，每個孩子都認為，如果「孤兒之家」的員工願意，他們什麼都辦得到。

在各種煩憂之中，也有這樣的願望：有人想要改善自己的行為，但是不知道怎麼做。他自己試過了，但是沒有成功。有時候有些人會把事情搞得很複雜，或是會找人麻煩，大家已經不喜歡他了，他不知道該怎麼辦。

波蘭人遇到這種事會去告解。你犯了錯，就去找神父，告訴他你犯了哪些錯，神父會要你贖罪，叫你念幾段經文，或是叫你道歉，或把偷來的東西還給別人。

這會有幫助。

哈西迪人經常會去找他們的拉比尋求建議。[5]

如果有人有煩惱，他就寫在紙上，然後拉比會告訴他該怎麼做。

我已經多次在會議中說過，布萊曼先生[6]給予我們的幫助不是金錢，而是好的建議。

也許我們的新嘗試會成功，我們想讓阿達西創辦一個提供建議的辦公室。他會建議第一個人把別人或自己告上法庭，建議第二個人提出申請，建議第三個人寫日記或打賭改善自己的某項行爲，或是換值日生的班。

男孩和女孩的煩惱不一樣，小小孩和大孩子的煩惱也不一樣，安靜的孩子和喜歡作弄人的孩子有不同的煩惱。

阿達西一個人沒辦法給所有人建議，他需要其他人的幫助。該怎麼做？在什麼時候、給誰、哪些事、做哪些嘗試？這我們之後才會知道。

如果這個嘗試沒有成功，那也沒什麼好丟臉的。因爲這件事本來就很難，非常難，是所有的事之中最難的。

如果我花了三十年都沒有成功，這並不表示，〔——〕

5 哈西迪猶太教（Hasidic Judaism）是猶太教正統派（Orthodox Judaism）的其中一支。

6 丹尼爾．布萊曼（Daniel Blajman, 1894?-1942），麵包店老闆，經常參與慈善活動，一九四二年四月十八日被德軍射殺。

提供建議的辦公室和新來的孩子

〔一九四二年四月／五月〕

班尼奧、艾里和證人摩西帶著各自的自白書來到了我住的隔離室，他們有重要的案子要處理，並且想要改善自己的行爲。

我知道這案子久遠又複雜，在午餐前一定處理不完，我也看到，班尼奧理完髮後頭很髒。於是我收下了他們的自白書，拿起肥皀，給班尼奧洗了個頭，然後我把機器調整了一下，又給他洗了一次，用酒精消毒，然後午餐的鈴就響了。

我喝了酸包心菜湯，吃了蕎麥和肉。我自願提供協助，和值日生一起切蜂蜜千層蛋糕，但是他們不想要我幫忙，我不知道爲什麼。他們只想要我幫忙削甜菜，但是我不同意，因爲我不是很擅長這個。

午餐後，我已經有了足夠的精神和清醒的頭腦，可以好好讀他們三人的自白書。他們的書信很難讀懂，因爲紙都被摺得皺皺的。

案件編號：九八九三八。班尼奧寫道：「有一次，大概是二月中的時候，我、艾里和摩西．史托克曼到禱告室去，然後我們在那裡談起廚房，還有大部分的廚房經理都會偷東西。然後我問艾里：『那在我們這裡怎麼樣？盧佳小姐[1]也會偷嗎？』那時候艾里說：『也許。』然後我又問摩西：『那你覺得呢？』他說：『我不知道，但是我認爲是這樣。』我覺得，這都是艾里的錯，因爲他應該要告訴我實際的情況，而不是說『也許』。我怎麼知道情況是怎樣啊？我才來這裡不過十二天或十五天。今天，當我比較了解『孤兒之家』後，我當然會反駁這樣的說法。而且我根本沒這樣說，我只是問而已。」

1 盧佳．史托克曼（Róża Sztokman），〈關於主要收容之家的員工〉註釋 2 提到過的約瑟夫．史托克曼的妻子，老阿茲里列維奇的女兒。她原本是「孤兒之家」的院童，後來常年在「孤兒之家」工作。她和約瑟夫的女兒羅姆恰（Romcia）也住在「孤兒之家」。

同一個案子，編號九八九三八，艾里寫道：「有一次我們在禱告室談廚房。突然班尼奧說，盧佳小姐一定有從廚房偷東西，因爲她女兒羅姆恰吃的東西比我們都好。我說：『她才沒有拿，她只是把粗麵包換成白麵包，因爲羅姆恰還很小，不能吃粗麵包。』班尼奧說：『但是她也會偷東西吧？』我說：『也許，但一定不會的，因爲我有一次聽到盧佳小姐幾乎是哭著對在商店工作的羅曼克先生說，她也得賺一小塊麵包，而她還得負責張羅我們的糧食。』班尼奧對我說，叫我不要對任何人說這件事，因爲他會惹上麻煩。我說：『好。』摩西有聽到我們的對話，他可以作證。」

以下是摩西的證詞：「艾里說得沒錯，因爲盧佳小姐確實會把粗麵包換成白麵包給羅姆恰吃。艾里說的是實話，而班尼奧毫無根據就控訴盧佳小姐會偷東西，班尼奧還說，如果艾里去和別人說，他就會被趕出去，然後餓死。」

在自白書後續的內容中，他們又有了新的爭執，某人想要給，但另一個人不想要。他們吵說這件事不是發生在二月，而是更後來的事。他們吵有人會找麻煩，然後有人威脅，說摩西會這樣說都是艾里教的。知道別人的祕密是件很方便的事，因爲這樣子你就可以到處去跟人說，然後獲得好處。

最後班尼奧的結論是：「我想著，這整件事已經讓我很累了，就讓它結束吧。我會被判有罪，然後就不必再日夜提心吊膽。」那要怎麼贖罪？他說：「去上吊。」

這個案子既好笑又令人難過。

好笑的是，這是第一次有孩子吵這麼久的架，卻沒有打架。吵架在男孩之中很少見，而寫下吵架的過程他們則更討厭。他們寧可打架，因爲這樣子麻煩比較少，而且比較快結束。

這案子很好笑，因爲一切都是從禱告室開始的，人們應該在那裡祈禱，而不是談廚房和食物的事。在我們這裡，只有穿吊帶褲的、髒兮兮的費謝列克去禱告室不是爲了禱告，而是去吵架。

班尼奧的恐懼很好笑，因爲每個新來的孩子都有權利觀察周遭的事物，看看「孤兒之家」是如何運作的，也可以比較這裡和其他地方的差異。我們不怕別人看，也不會禁止任何人觀看和開誠布公（而不是偷偷摸摸）地討論。眞正的小偷才會怕，才會希望所有的事都是悄悄地口耳相傳。

但是這個案子也很令人難過。

令人難過的是，廚房的經理和員工確實經常不誠實，不只是廚房的，還有工廠和宿舍的。令人難過的是，這一點大人、青少年和小孩都知道，也都會談論，只是他們對此沒有採取任何動作，沒有讓壞事不再發生。

而最令人難過的是，誠實的人常常得不到工作，就算會得到，人們也不會付錢給他們。

「我們有什麼辦法？一家大小都在挨餓，而我們什麼都買不起，因爲我們一毛錢都沒有，因爲有人欠了我們半年甚至一年的薪資。」

「我以前不是乞丐的。」一個人說。

「我以前一點也不髒，身上也沒跳蚤。」

「我以前不是小偷。」

他們想起以前的日子，滿心憂傷與懷念：那時候也有有錢人和窮人、誠實的人和虛僞的人、認眞工作和懶惰的人。但是那時候，如果有人想要誠實清白地賺錢給家人和孩子，他可以這麼做。

這場戰爭給人們的身體和良心帶來了許多損害。

孩子們也看到了許多壞事。

他們的心裡和話語中充滿了苦澀和憤世。

如果孩子們一開始就把自己的祕密和提供建議的辦公室說，辦公室就會立刻向他們解釋。沒有必要吵架、害怕、生氣，也沒有必要花這麼多時間想這些邪惡又可怕的事。

如果有人有祕密，就讓他放大膽子，來找提供建議的辦公室吧，因爲祕密總是會洩露的，但是洩露得太晚了。薩露妮媽媽的事就是這樣，阿姆什的事也是這樣，他因爲愚蠢的外婆和發瘋的母親，而活在貧困之中。

而米豪的母親那些詐騙欺瞞的手段，則把她自己和米豪送上死路。

即使在戰爭期間，選擇正途還是比較好的，因爲危險困難只會出現在正途的開端。

戰後我要怎麼活

〔一九四〇—一九四二？〕

差不多有十五個人在寫日記。我知道，其他人也想寫。我知道，這會對他們有好處，日子也會比較容易過。我還知道，他們覺得不好意思，不知道怎麼開始。不過，幾乎所有寫日記的人，一開始都不知道怎麼寫，都會經歷一段尋找的過程。

一個人從他今天做了什麼寫起，然後他問，可不可以寫自己在想什麼。另一個人從戰前的回憶，或華沙圍城的記憶開始寫。還有人寫了很多關於孩子、朋友、整個家的事，但是關於自己則寫得很少，或是隻字不提。

只有一次，他寫了：戰爭結束後我要做什麼。

我感覺，不是所有人都相信戰爭會結束。年輕人甚至不太記得戰前的日子是怎麼過的。

他們也不是很相信，自己會長大，會變得眞的很大、很成熟，就像盧佳小姐或菲列克先生一樣。

這眞奇怪：菲列克先生也曾經是個小男孩，會玩耍，上三年級，去上課，有人會給他理髮，幫他洗頭。

但是有時候想想未來的事，而不只是過去的事，不是也很好嗎？在談話中，常常聽到，這個人想要賺大錢，另一個人想當鎖匠或電工。想的人一定更多，只是他們不好意思說。

以前我常常會問孩子，你很高興你被生下來嗎？等你結婚，你想要有幾個孩子？你想要給他們取什麼名字？你想要當有錢人，還是有名的學者？

我覺得，從這個主題開始寫日記，會是很令人愉快的。

戰爭過後我要做什麼？我要住在波蘭嗎？還是出國？要去哪裡？我要住在鄉下還

是都市？小城還是大城？我想要一天賺多少錢？我的公寓、房子、院子、花園要長什麼樣？

我會在工廠工作還是自己當老闆？我要在商店裡還是作坊工作？在城裡還是家裡？

我未來的家人是什麼樣？我想要一個人住還是和妻子一起住，和兄弟姊妹住，還是和朋友一起住？

我會結婚嗎？我要等很久才會找到老婆嗎？她應該要是什麼樣？和我同年，比我大還是比我小？我想要有錢，還是非常有錢？我會一夕致富，還是得一分錢一分錢慢慢累積？我要先買什麼、後買什麼？還是全部一起買？

我會吃什麼？穿什麼衣服？我想要有多少衣服，又是什麼樣的衣服？我會讀什麼書？我工作閒暇要有什麼休閒娛樂？

我週五晚上會做什麼？週六我會做什麼？

我希望我的兄弟姊妹（如果有的話）還有我的媽媽及阿姨（如果還活著）過得怎麼樣？

我希望我的願望一下子就實現，還是我寧可耐心等待，讓它們一年一年地逐步實現？

我和我的家人夏天要如何度假？我會回去探望「孤兒之家」嗎？我會寫信給遠方的朋友嗎？

我人生最好的時光會是什麼時候？是我二十歲的時候，還是三十歲、四十歲？人生中，我會和什麼樣的困難纏鬥？我想要有冒險嗎？還是平淡度日，不換公寓、鄰居，也不改變生活方式？

這樣思索未來的時候，有人會把他的想法當成計畫，有人會當成夢想。夢想比較有趣，但計畫是一定會實現的事。

因爲我會長大，我會終於成爲一個成人，我會工作、賺錢，我一定得買些東西，找地方住，有衣服穿。

在基輔的幼稚園，有個老師給孩子出過這樣的作業：「當我長大，我要當什麼？」

有一個男孩寫：「我想當巫師。」

其他的孩子開始笑，但那孩子很有智慧地回答：「我知道，我不會當巫師。但是老師叫我寫，我想要當什麼。」

他們為什麼禱告？

〔一九四〇—一九四二？〕

當所有報名每日禱告的男孩都到齊的時候，我問他們爲什麼禱告？還有爲什麼來參加禱告？那是很久以前的事了，我不記得所有的細節，我曾經把這件事寫下來，但當時的筆記也不見了。情況大概是這樣吧：

第一個人說：「爲什麼不要禱告？我是猶太人啊。」

第二個人說：「因爲早餐前我在大廳沒事做，而在教室很溫暖、明亮。」

第三個人說：「我想要兩百八十張共同禱告的明信片，[1]我只差四十次禱告了。」

第四個人說：「我院子裡的朋友說，如果有人不禱告，晚上就會有幽靈來找他，把他塞到袋子裡悶死。我很害怕，因爲他說的可能是眞的。」

第五個人說：「我媽要我來的。」

第六個人說：「星期六我回家探望家人時，爺爺總是問我，『孤兒之家』的孩子們是否虔誠，是否會禱告。如果我說不會，他會難過，而我又不想說謊。」

第七個人說：「我父親在冬天過世後，我早上都不想起來去教堂禱告。但是有一天我夢見父親罵我：『我還活著的時候，從來不會看天氣決定要不要出門。不管是下雨還是下雪，只要有賺錢的機會我都會出去，很多時候在晚上，甚至連生病了我也照樣出門，而你竟然不想爲我念一段神聖禱詞[2]。』我醒了過來，承諾從此會禱告。」

多年來，賀伊納先生[3]每天都來禱告，他的監護人很虔誠，他叫他來禱告，之後他就習慣成自然了。

我還記得，小賀伊納和比他年長的監護人肩並著肩，拿著一本禱告書，一起禱告的樣子。

第九個人說：「我每天早上都會穿衣服、洗澡、吃早餐、去上學、和同學一起玩，所以我爲什麼不要禱告？有些人說神不存在，但是他們怎麼知道？他們眞有這麼聰明嗎？一定有人得創造這一切，那個人就是神。」

第十個人簡短地說：「波蘭人也會去自己的教堂禱告，猶太人不應該比波蘭人差。」

第十一個人說：「如果有一個猶太人不禱告，他的罪就會讓所有的猶太人受罰。很多猶太人都不禱告，這就是爲什麼我們會得傳染病、很貧窮，還會有各種煩惱，而我不想要別人因我而受苦。」

第十二個人說了一段猶太兒童宗教學校[4]的回憶。

「在猶太兒童宗教學校，老師告訴我們，猶太人因爲禱告吃了很多苦。人們殺

---

1 譯註：在「孤兒之家」，柯札克會發「記憶明信片」（Pocztówka Pamiętkowa）給孩子，想要記憶明信片的人，應該遞出申請書，把他的要求寫在紙上，清楚明瞭地列出他所做的事，還有為什麼這值得紀念。這些事可以是好事或壞事、值得讚揚的事或值得責罵的事、好的或壞的記憶。柯札克說：「明信片不是獎品，而是紀念、回憶。」更多關於記憶明信片的事，可以在《如何愛孩子》中讀到。

2 譯註：神聖禱詞（Kaddish）是最為人知的猶太祈禱文，通常用在喪禮上。

3 希木．賀伊納（Szmul Choina），「孤兒之家」的院童，後來寄宿在「孤兒之家」。他有參加地下反抗德軍的運動，後來在街上被德軍射殺。

4 猶太兒童宗教學校（Cheder），教授猶太教和希伯來語的傳統小學。

害猶太人，燒他們的教堂，搶走他們的逾越節晚餐然後丟進泥巴或火裡，或是騷擾他們，叫他們在假日上基督教的教堂，甚至不允許他們工作、上街。每個猶太人在週五晚上都會匆匆忙忙趕去禱告，有時候必須穿過有強盜和狼的森林。老師說，我們的爺爺奶奶在這麼困難的情況下都會禱告，而我們只要走幾步路就可以去教室，而且什麼困難威脅都不會碰上，如果這樣還偷懶不禱告，那我們眞的很丟臉。」

第十三個人解釋：「當我有煩惱，或是和朋友吵架了，那時我會禱告。能夠告訴神實際情況是怎樣，告訴祂朋友是錯的，讓我很高興。因爲當我這樣想時，我就不再那麼擔心不公平和受罰的事。」

第十四個人說：「我注意到，當我經常來禱告，我比較容易改正自己的行爲，也比較容易努力向上。那時候，我惹的麻煩比較少，人們也比較少生我的氣。我不會在家裡，也不會在學校惹是生非，禱告眞的很有幫助。」

第十五個人說：「當我生病或是身體疼痛，或是家裡發生了不好的事，比如媽媽或弟弟生病了，或是沒錢可賺，或是房東或其他房客找我們麻煩——當這些事讓我難過，我會禱告，會向神祈求，那時我就不再憂慮，也感覺好多了。」

第十六個人說：「我也不知道我爲什麼來禱告。我禱告，因爲我禱告。我完全不想爲什麼。之後我如果想到，會寫下來，投進您的信箱。」

第十七個人說：「當我禱告時，我會想起我們家以前的樣子。從前，我總是在星期六和父親一起去教堂。在『孤兒之家』也有晚餐，但是不一樣。在這裡我也過得不差，但是以前在家裡的時候，我愛得比較多，人們也比較愛我。那裡，沒有人會罵我是馬屁精或媽寶。在『孤兒之家』我也會得到糖果，但是在家裡時，爸爸會拿糖果給我，然後說他不給我，說他會給媽媽，然後剩下的自己吃掉。那很好笑，因爲我知道他是開玩笑的。在家裡，星期六會有猶太燉菜。在家裡，所有的一切都和這裡不同。」

當他這麼說的時候，前一個人就想起禱告的原因了，他說：「喔，我知道了，喔，就是這樣。我和他一樣，禱告就像是在平日去找家人。當我禱告時，我就想起許多事，想起家裡所有的一切。」

那時候，許多女孩也會來禱告。男孩們甚至給一個女孩取名叫「拉比的太太」。[5]他們喜歡她，不會捉弄她，而她也不會生氣。

她叫蕾金卡，年紀比較大，已經開始工作了，她好像是在學做手套還是雨傘，或別的什麼之類。她沒辦法隔天來禱告，所以她和男孩們一起在教室禱告。[6]

（當我說，大家一起禱告人太多了，所以男孩今天禱告，女孩明天禱告）她說：「在我們的走廊住著一個波蘭家庭，他們對猶太人很好，媽媽需要錢時，他們總是會借給她。」她說，猶太人有個缺點，就是女孩可以不禱告。但是女孩才是更需要禱告的人，因爲女孩花更多時間在家裡陪孩子。

蕾金卡說：「神並沒有讓男孩的禱告比女孩的更重要。拉比們這樣想，因爲他們都是男生。波蘭人總是一起禱告，而猶太人分開禱告，這樣子，好像我們女孩在神面前是比較差的。」

蕾金卡說完時，男孩們什麼都沒說。

女孩們還是會來禱告。

我記得，好像就是蕾金卡這麼說的：「你沒有父親，但是你知道，神是所有人的父親，所以也是你的父親，這感覺很好。你不用了解禱詞，你只需要感覺它。」

我還想問，爲什麼其他人不禱告，但是學校和政治的話題開始了——然後一切都改變了。

5 譯註：這邊的意思是指她很虔誠。
6 根據猶太傳統習俗，男性和女性必須分開禱告。

兩個奇怪的夢

〔一九四二年四月〕

我睡著了。我在睡，一直睡。一開始我什麼都沒夢到。我只感覺到自己在坐車，或在飛，或在游泳或奔跑——我已經不在床上，也不在西利斯卡街上，不在華沙，不在哥茨瓦沃克。我在鄉下，但那是一個遙遠的、不知名的地方，一個我從未去過的所在。

爲什麼我知道那是一個遙遠陌生的國家？因爲那裡的樹不一樣，它們很高、很綠，在我們這裡沒有這樣的樹。我們這裡也沒有那樣的草地，房子建造的方式不同，人們的穿著打扮也不同。

我正走入一個院子，這時房子的主人友善地向我招呼。

我不知道自己是怎麼來到這裡的，也不知道爲什麼要來。我覺得很不好意思。但他好像認識我，他說：「我正要去擠牛奶，但是現在我有客人，我女兒會去擠牛奶，她已經夠大了。」

他又說：「沒錯，沒錯。我已經不年輕了，我很早就結婚了，沒錯，但我已經六十歲了。我的孫子也都上學了，我還有一個曾孫，我現在是曾祖父了。」

他說：「我一直過著平靜的生活。我沒有過勞，也沒有挨餓。我從沒看過醫生，也沒吃過藥。我沒和任何人起過爭執，也沒上過法庭。我的房屋明亮，我的草原清香，我的乳牛產出的牛奶品質很好、油脂豐富。花園長出甜美的果實，我用它們來做果醬。我按時繳稅，每天我都會感謝神，給了我一個幸福的國家、善良的同胞、肥沃的土壤、歡樂的陽光和健康的孩子。」

他停下來，看著我，然後問：「您是在波蘭出生的嗎？您是天主教徒嗎？」

「不，我是波蘭的猶太人。」

「我們這裡也有波蘭的猶太人。我認識幾個人，其中一個是我的好朋友。我們一起去上學，坐在同一張椅子上，夏天會一起去河裡游泳，冬天我們則會拿起雪橇和溜冰鞋，滑雪和滑冰。他在波蘭有弟弟和妹妹，他們住在華沙。華沙在波蘭，對吧？在你們那裡有戰爭，對吧？我那可憐的朋友很擔心，他已經很久沒接到來自家人的信了。在波蘭好像有戰爭，還有饑荒。我想要寄果醬、乳酪和香腸給你們那裡的孩子，但這似乎是被禁止的，你們的包裹好像會被郵局拿走。郵局眞是個聰明的發明，比如你們沒有什麼，而我們有，就可以寄過去，不用花太多錢。或者（——）沒必要擔心，我可以想辦法幫助你們。」

「郵局是個聰明的東西。」他重複：「郵局是個好東西，郵局是個很棒的發明。只是有壞人從中阻撓，不讓你們和我們了解和喜愛彼此，互相支持。」

他嘆了一口氣……然後說：「請您進來我家吧，我們吃點東西，喝點東西。神給我們什麼，我們就享用什麼。」

我們已經在桌旁坐下了，我已經看到了白麵包、奶油、乳酪、香腸和一壺牛奶——這時我醒來了。

我很生氣。即使在夢中，我都不能吃一頓像戰前那樣的晚餐。唉，有什麼辦法。

我躺了一下，然後又睡著了。我再次坐上了某個交通工具，或是在游泳、在奔馳、用羽翼飛翔……

這次的旅途比上一次長。我來到了一個非常遙遠的國家，和我所認識的國家完全不一樣。

我來到了一條寬敞的道路上，我看見海，天氣很熱。穿著奇裝異服的人們走在路上，乘著兩匹馬拉的馬車，或是騎大象——沒錯，就是大象。

我問：「這是什麼地方？」

「印度。」沒錯，印度，遙遠、炎熱、古老的國家。有人說這是一個野蠻的國家，另一些人則說它一點都不野蠻，只是和我們的國家完全不同，所以我們才會覺得它奇怪。

有一個美麗的老人靠近我，他有著一把濃密的銀鬍、和善的眼睛和充滿智慧的額頭。我覺得，我認識他，我曾經看過他。

是啊，他是泰戈爾。我在書上和報章雜誌上多次看過這位偉大印度詩人—思想家的照片。

然後發生了很奇怪的事，在夢中經常會如此。

泰戈爾邀請我去他的學校。[1]

「您也有一所學校。」他說：「您學校的老師也是我的學生。艾絲特卡小姐，她在那裡沒錯吧？」

「沒錯。」

「很好。如果這不會很麻煩，我想請您帶一本小書給她。我們的城市蓋了一間郵局，很新，很漂亮。我寫了一個關於郵局的劇本給我學校的男孩們，如果艾絲特卡小姐願意的話，她也可以讓你們學校的男孩演出。

「而我會去看你們的表演。」

「這是不可能的事啊。」我說。

泰戈爾微微一笑，然後說：「你們看不到我，但我會和你們同在。去問問瑜伽老師吧。」

然後我再次醒來。

幾天後，一個裝著乳酪、香腸、果醬的包裹從哥本哈根寄來，而艾絲特卡小姐在逾越節時讓孩子們演出了一齣叫做《郵局》的戲。

眞奇怪——我的這兩個夢。

1 泰戈爾在一九〇一年在孟加拉西北部，在自己家族的土地上創辦了一所給男孩的實驗學校。

同一件事可以是好或壞

〔一九四〇—一九四二？〕

某件事可以是令人愉快的、好的、有用的，如果那是某個人做的。但如果是另一個人做的，它也可能變成令人難過的、有害的、邪惡的。

遊戲一般來說是令人愉快的，而且是對健康有益的，但也有些遊戲是醜陋的、對健康有害的。散步是愉快的，但是你也可以把它變成讓人無法負荷、累人的義務。

許多年前有個白痴（他是沃斯卡街十八號的老師）在我們於哥茨瓦沃克舉辦夏令營的時候，命令孩子們兩個兩個一排，在炎熱的沙地上行進。男孩們的腳都燙傷了，灰塵讓他們喘不過氣，艷陽讓他們口乾舌燥。而這個老師則毆打孩子，揪著他們的耳朵，因爲孩子們的隊形不整齊，或是沒有照他說的方式走，不像他在軍隊裡看到的那樣。這個笨蛋不知道，軍隊訓練的目的是要讓士兵上戰場，在軍隊裡服役的是大人和健康的男孩，軍隊是沉重的工作和義務，不是愉快的散步。

同樣的問題我們也可在對整潔的要求中看到。強迫孩子們在冰冷的浴室清洗上身，還讓所有的孩子用同一條毛巾擦身體（因爲軍隊裡就是這麼做），會帶來疾病，而不是預防它。這會損害孩子的皮膚，不會讓孩子更堅強（孩子的皮膚破破爛爛，還會得疥瘡）。這所有的一切，只會讓孩子心生恐懼反感、想要逃避整潔，雖然整潔是必要的，而且是有好處的。

那個粗人想要強迫值日生仔細擦地板，於是灑了十幾桶冰冷的水在地板上，而且窗戶還是開的。然後，他叫值日生用一條發霉發臭、根本不吸水的抹布去擦。這酷刑的結果就是龜裂的雙手，還有凍僵的手指。

學校是令人愉快的，但是愚蠢或殘忍的老師可以把學校變成一場災難。學校的無聊和痛苦，甚至可以讓那些原本喜愛學校、想要學習、試圖思考、長期以來一直保護自己和學校的學生變得懶散又愚蠢。

我記得六歲的艾娜，她開朗、可愛、正直、聰明、隨和。整個夏天，她甚至連在夢中都會夢想去上學，想著她會像芙烈達或她哥哥華特一樣。等到她去上學，我憂傷地看著她在一整年中變得越來越笨，甚至在星期天都不玩娃娃了，也不喜歡聽故事，不聽話，常和人吵架，而且對人懷有惡意。

她班上的老師是個老瘋子，邪惡又粗俗，他蒐集瓶蓋，藥品的紙瓶蓋，啤酒的金屬瓶蓋，小的和（——）。如果孩子沒有帶瓶蓋給他，他會打孩子。他不知從哪裡知道，艾娜的父母和我住同一間公寓，他於是要求艾娜給他有俄文、韃靼文的瓶蓋（來自西伯利亞的瓶子），我不知道他爲什麼還要土耳其文的和中文的。我寫信給華沙的朋友，但是可惜，波蘭的瓶蓋他已經有了。

唱歌很令人愉快，也很美麗。但不是也有下流粗鄙的歌曲嗎？對喜愛音樂的人來說，扯開嗓門、走音和噪音干擾，難道不是很令人痛苦的事嗎？

藝術學校那些不要臉的混蛋、腦袋空空的公子哥兒和遊手好閒的傢伙，他們又對繪畫做了什麼？

婚姻應該是美麗、愉快的，但經常會成爲地獄——如果丈夫是個酒鬼、賭鬼、懶鬼、暴君，或者妻子不負責任，或是個購衣狂，欠下大筆債務，不給孩子和丈夫買食物、煤炭、肥皂，而是把錢花在名貴的珠寶、理髮師、香水或請客上頭。

孩子可以帶來歡樂，是上天給予父母的恩賜，但也可能是痛苦、羞辱和詛咒。

金錢可以帶給一個人自由、健康、智慧，但也可能帶給另一個人不自由，讓他變得愚蠢，染上疾病。「有錢人要不是自私、人見人恨的守財奴，就是膽小鬼，一輩子都在怕別人偷他搶他的財產，爲了錢殺死他，或是用『你會賺更多』的花言巧語來騙他。」

甚至連禱告都可能變得邪惡、醜陋，如果有人向神禱告，希望別人過得不好，要祂降災於他人；或者，如果有人向神祈求原諒，但完全沒有想要悔改。有些人會爲了錢或一小塊蛋糕禱告，有人是害怕挨棍子而禱告，或是爲了拍馬屁而禱告——在這種時刻，即使是神聖的禱告也會變得有罪。

奶油很好吃，而且很營養，但是沾到紙上或書上成爲污漬就糟了。湯應該在湯碗裡，而不是在衣服上。墨水要在墨水瓶裡，而不是在地板上或手指上。梳子也該放在袋子裡，而不是在枕頭底下。

我請求建議。「我不知道該怎麼做，所以我請求建議。」在「孤兒之家」有一件事可以是有趣、令人愉快、漂亮、有用的，但可惜的是，事實不是如此。

這讓我擔心，這讓所有正直、理性、溫柔的孩子都感到難過。

我們有一份小報紙。「有時候它會讓人難過，但是它很公平，只在必要的時刻讓某些人難過。」有用的東西，不一定對所有人來說都是令人愉快的。（——）

母親想啊想的，她不知道

〔一九四〇—一九四二？〕

星期四我去了三個地方，去審查三個提出申請的家庭。我和孩子的家人談話，檢視他們想要把孩子送進「孤兒之家」的原因，我仔細觀察他們居住的公寓，還有他們的家具。

剛好那天的情況是，我爲這些孩子感到很遺憾，而對大人們則感到十分憤怒。

他們爲什麼說謊？他們爲什麼說這麼愚蠢的謊言？

他們爲什麼厚顏無恥地說謊，還教小孩子說謊？

他們難道不知道，他們的謊言根本不會幫助孩子，還會害了孩子？

他們難道不知道，即使他們成功地騙過我們，或是我們甚至原諒了他們愚蠢的謊言，孩子們也不會原諒他們，而且孩子們還會想：「說謊的傢伙，騙子，愛耍小手段的人。」

有各式各樣的孩子，也有各式各樣的家庭。有些孩子想要離家，不想見到那些阿姨、祖父、爸爸，想要遠離他們的爭吵、說教和卑鄙的行爲。

有些孩子會很難過，他們離家只是因爲沒有別的辦法，他們來到「孤兒之家」，但很想念自己的家。

我在瑪麗安斯卡街上遇到一個帶著女孩的母親，她們緩慢、憂鬱地走著，彼此沒有交談。

我在兩年前和一年前都和她建議，讓女孩來我們「孤兒之家」，不管是一半的時間在這裡，或是完全住在這裡都好。

母親願意這麼做。

「妳在那裡會有朋友，可以上學，還有玩具和書。妳會有自己的床，而且不會挨餓。」

但女孩不想這麼做，她對媽媽說：「那妳自己一個人在家裡要怎麼辦？」

我也去過很有錢的家庭。他們的親戚很富裕，很樂意幫助他們。他們家沒被偷，也沒被燒毀——我去的時候，他們正在煮湯，而桌上有炸好的肉丸。

「這不是我的公寓。」母親說謊。

「這裡沒有一樣東西是我的。」母親說謊。

「我沒有賺一毛錢。」這也是謊言。

「我病了。」

她壯得像條牛。

她問，我們什麼時候可以帶走她的孩子。我說，我不知道，她必須等。而我心裡想的則是，如果讓這個不該被收容的孩子佔了另一個孩子的位置，那才是犯罪。

那個母親很聰明，她猜到我在報告上寫了實話，而不是她的謊言。於是她把我擋在玄關，不讓我出去，並且說：「您爲什麼這麼急著走？您可以在這裡休息一下啊。我有一間店，我知道怎麼做生意。」

「您想和我做什麼生意？」

「我看得出來，您會阻礙我。我明白，每個人都需要錢。您開價多少？您別怕，這只有您知我知。」

對她來說，把孩子送走是一門生意，就像賣豬或雞。

但是也有別的母親。

有許多好母親，她們不知道該怎麼辦，她們想啊想的，她們不知道。

母親想：「我把孩子送走——但是他在那裡會不會被欺負？他們會不會懲罰他，威脅他做這個做那個？那裡有這麼多孩子，有些孩子很善良乖巧，但也有會欺負人的。我的孩子不會希望我擔心，所以他不會向我告狀，只會隱瞞，什麼都不會說。如果他生病了呢？如果他在那裡遭遇到不幸的意外呢？」

但是接下來她念頭一轉：「我把孩子留下，但是如果我病了怎麼辦？如果我失去公寓、工作，如果我沒東西可賣了，那怎麼辦？現在『孤兒之家』還有位置，之後可能就沒了。」

母親又想：「他們很聰明。他們很聰明，他們想要帶走我的孩子，我的孩子已經很有教養了，一點都不難帶，養育他很容易，甚至很愉快，不用花太多精力，他甚至還可以成爲他們的幫手。他們眞聰明。如果我的孩子還小，或是生了病，或是愚笨、不誠實，他們就不會要他了。他們只是把他帶去試試看，而且他們只要好貨。他們做了一門好生意，還假慈悲地裝出大善人的表情。爲什麼？如果他們是從我這裡得到十塊錢，或是一斤肉，他們會給我收據還會和我道謝。而我給他們的是一個人，是我的骨肉，是我花了那麼大力氣、不眠不休、爲他思量操煩才養大的孩子。」

然後，母親的想法又變了：「我的孩子佔了另一個孩子的位置。我的孩子現在有地方睡覺吃飯，但另一個在等待的孩子也許沒有任何人照顧，也許甚至連一滴水都喝不到、一塊麵包都沒得吃。」

有時候她想：「也許不値得？也許戰爭很快就會結束了？」

可憐的母親要不就禱告、祈求神給她建議，要不就和家人、保母、鄰居或孩子商量。

「該怎麼辦？你想要怎樣？你覺得呢？你已經很大了，什麼都懂。你住在那裡的朋友怎麼說？」

想爲孩子謀福祉的母親想啊想的，她不知道。

而我們說：「她三心二意，她不知道她想要什麼。情況看起來沒那麼糟，或許她沒那麼在乎。」

因爲我們的想法也一直變來變去，我們也想要一切都好，但是我們也不知道，我們也沒辦法。

沃莎小姐

〔一九四〇—一九四二？〕

沃蘭絲卡小姐[1]死了。

比較年長的孩子們都記得沃莎小姐。她是我們還住在克羅赫曼那街上時的洗衣婦——猶太孤兒院的卑微洗衣婦。

在所有的手工業中，最受人輕賤的是鞋匠。

1 沃蘭絲卡小姐（pani Wolańska），本名不詳，又稱沃莎小姐（pani Wosia），是「孤兒之家」的員工，和丈夫及孩子住在「孤兒之家」前面的小房子。

「你去當鞋匠好了。」人們會對不想念書的男孩這麼說。在人們眼裡，鞋匠是個酒鬼。他們說：鞋匠的壞脾氣，鞋匠的星期一。

這表示，人們認為每個鞋匠都是不愛念書才去當鞋匠，鞋匠會喝酒鬧事，鞋匠是星期一不上班的懶鬼，因為他還帶著星期日的宿醉。總歸來說，鞋匠就是酒鬼、懶鬼、工作態度隨便的傢伙。

直到，有個年輕人念完了大學，可以當上律師，但是不——這麼年輕、富裕、受過教育的人，竟然當上了鞋匠。

他不想要當個坐辦公室的，反而選擇了體力活，而且是最受人輕賤的那種。而在女人之中，最受人輕賤的職業就是洗衣婦了。完全沒有任何猶太洗衣婦。即使是最貧窮、一毛錢都沒有、要靠乞討過活的家庭，都會把髒衣服給「沙貝士哥卡」[2]來洗。

洗碗的女工、削蔬菜皮的女工、妓女——這所有的職業都被認為比洗衣婦來得好，來得高尚有智慧。

猶太洗衣婦——這是最糟糕的罵人髒話，最可怕的羞辱人、輕賤人的髒字。真是丟臉，竟然有人會去洗猶太人的髒衣服、那些滿是跳蚤和污穢的破布。

沃莎小姐很早就成爲孤兒了，她是在收容所長大的。她年輕、漂亮、強壯、開朗、聰明、認眞——她當上了「孤兒之家」的洗衣婦，這是一份辛苦的工作，也是責任重大的工作。

我們的洗衣間是機械化的，所以這份工作要接觸到機器，包括離心機、熨平機、輸送帶、引擎。

這工作很危險，你很容易就會失去一隻手。只要一不小心，一不留神，忘了一件小事——就會非死即傷。

沃蘭絲卡小姐了解她的機器。她不只了解，還打從心底愛她的機器。她愛她冰冷的地下室和所有工具，她也愛猶太人的孩子。

她自己有兩個孩子：虛弱的伊蓮娜和像熊一樣的瓦德克。在戰爭和饑荒時期，她

2「沙貝士哥卡」（szabesgojka），被猶太人雇用，來做那些猶太人在安息日不能做的工作的女人。這個字有反猶意味，表示這些受雇者是猶太人的僕人。

對自己的孩子和別人的孩子都一視同仁。傳染病爆發的時候，她親自把得了斑疹傷寒的孩子抱到醫院，[3]她不怕跳蚤和疾病。

「孤兒之家」的情況有好有壞——通常壞的比較多。孩子也有好有壞。工作一直都很辛苦，而薪水很少。

我們住的區域治安不好，街上的人會因爲女孩是女孩、男孩是男孩、老人是老人、小孩是小孩而找他們的麻煩。

遇到這種事，沃莎小姐總是會走出門，和這些人大聲吵架，捍衛受害者，雖然她知道人們可能會用磚塊或石頭丟她的頭，高聲罵她：猶太洗衣婦、猶太奴才。

年復一年，時光流逝。孩子們長大了，沃莎小姐也老了，而且有點顯露疲態了。

我說：「沃莎小姐，波蘭人也開始做生意了。我們會借您錢，您可以開一間食品店或咖啡廳，或是去火車站開個小食堂，我們會借您錢。」

她不想要。

爲什麼不想要？

爲什麼樺樹不想要被種到別的地方？在別的地方，土壤比較肥沃，環境也比較安靜和諧。

因爲她知道這裡需要她，她知道自己在這裡很有用處，因爲沒有人有辦法操作老舊的機器、壞掉的熨平機、被拉長的輸送帶（必須縫補、剪短、移動扣環、推擠它才能使用）。

我記得有一次一個粗心的女孩把針忘在圍裙裡，針刺到了沃莎小姐的手指。她的手都腫了，還是在修理輸送帶。

「沃莎小姐，請您去找皮匠吧。」

「免啦，皮匠要錢的，再說，孩子們會幫我，我寧可自己來。」

由於我很尊敬我們這位忠實的朋友，我無法隱瞞她的行事爲人。如果我這麼做，

3 位於萊施諾街（ul. Leszno）一百三十六號的卡洛和瑪麗亞醫院（Szpital im. Karola i Marii），這家醫院創立於一九一三年，院長是約瑟夫·布魯津斯基（Józef Brudziński）。為了感謝醫院給予的協助，「孤兒之家」的院童曾為醫院的聖誕樹做裝飾品。

就會看起來像我原諒她，不然就是不想說她的壞話。

沒錯，沃莎小姐三不五時就會拿點東西：毛衣、毛巾或床單。

沃莎小姐並非不誠實，她有權利拿那些東西，那些東西就像她自己的一樣。畢竟，一個不小心，一個不留神，想要讓工作變得簡單一點，衣服就可能被燙焦，壞掉，或是發霉到不能用。

所以，她不是祕密地拿，而是沒有取得同意就借了。因爲她知道，沒有人有勇氣拒絕她。

廁所原本有兩條紅色的法蘭絨抹布。我有一次在教師會議時問大家，[4]爲什麼不把廁所擦乾。

「我可以提供抹布。」沃莎小姐說。

「我有，我給，我去找找，我會借。」

有人會說，她說謊，說她不誠實。

我沒辦法寫下所有的事。要描寫這位工作認眞、做出英雄壯舉的女性，這位犧牲奉獻的母親、忠貞的妻子、對孤兒院不離不棄的好夥伴，得寫上厚厚一本書。

最後，我只想再提到沃莎小姐和大女孩的關係。

多年來，她冰冷潮濕的洗衣間也是她提供教養建議的辦公室。

沃莎小姐是所有員工之中，最了解女孩和許多男孩祕密的人。她會提供建議，安撫反抗的孩子，安慰擔憂的孩子，提醒孩子們關於那些受傷的孩子。

她善良又公平，有同理心又勇敢，她總是準備好要保護孩子，總是充滿警覺，要在第一線保衛孩子。

我不知道她墓碑上寫什麼，上面應該這樣寫：「許多人會帶著敬意和感激親吻您的手，您爲這些人服務，度過了辛勤、高貴的一生。」

尊貴的沃莎小姐，希望您獲得安息。

4 在「孤兒之家」，洗衣婦沃莎小姐和門房皮約特·札列夫斯基（Piotr Zalewski）也會參加教師會議。後者在一九四四年被射殺。

諾瓦茨卡小姐

〔一九四〇—一九四二？〕

「我們的家」在別蘭尼有一所幼稚園，[1] 諾瓦茨卡小姐曾在那裡工作。她沒有念完任何一所學校，也沒有很多工作經驗，不會彈鋼琴，不會唱歌、畫畫，也不會捏陶土。

孩子們說她對每個人都好，甚至對雅努什和齊格蒙特都不例外（這兩個是幼稚園的搗蛋大王）。諾瓦茨卡小姐離開後，孩子們依然很想念她，過了好久都會提起她。孩子們說，新老師知道更多童話故事，也會教他們唱歌。諾瓦茨卡小姐曾經短暫地和新老師一起工作。新老師抱怨，當孩子們害怕什麼東西（比如青蛙或汽車），他們會去找諾瓦茨卡小姐，而不是找她。

她離開了——她說，因爲她沒有像一開始的時候那麼快樂了，她寧願在私人的家庭工作。

前雇主給她的評語有：「我是個寡婦，五年來，她代替我，成爲孩子們的母親。她是自願離開的，孩子們已經長大了，她說，現在孩子們需要一個教育程度比她高的人，而她會的東西太少。」

另一個人說：「她是我的好朋友。我生病了，容易緊張，又沒耐心，常常傷害她。我唯一能懇求她的，就是在我需要時來我們家照顧孩子，我想要她來多久，她就來多久。」

第三個人說：「不管是國內還是國外的醫生或教授，都沒辦法幫助我可憐的孩子。老師每隔幾個星期就會換一個，只有她五年來都溫柔又有耐心地代替我照顧孩子，直到我可憐的兒子過世。」

1 「我們的家」的幼稚園從一九二八年運作到一九三四年。

她換了很多像這樣的工作。

有一次我和她聊起這個話題。我問：「一直在不同的家庭間流浪，您不累嗎？」

她說：「我很快樂，總是有人需要我。當我來別蘭尼工作時，我以爲，我在這裡照顧孤兒和貧窮的孩子，會比在外面照顧有錢人家的孩子更有用處。但是現在我發現，這裡的孩子沒有比有錢人家、有父有母的孩子更無助、更憂鬱、更需要幫助。我覺得我在別人家照顧兩三個小孩，會比我在這裡照顧三十個小孩更有用。」

諾瓦茨卡小姐一方面口拙，一方面也不習慣這樣的談話。她一直都在照顧別人的需要，很少有時間爲自己著想。她甚至沒有在自己胸中尋找快樂[2]——快樂自己就來了，不用召喚，不用尋找，來得輕而易舉。

我以爲，她有事瞞著我。

「您不是因爲瑪麗娜小姐[3]而離開的嗎？」

「喔，不，正好相反。如果不是她，我早就離開了。我不想留她一個人，她活得很辛苦。她就像是我在這所幼稚園的第三十一個孩子。」

2呼應波蘭詩人阿斯尼克的詩句，見〈給猶太人委員會的人事部門〉註釋9及〈快樂〉註釋1。

3指瑪麗亞·法絲卡（Maria Falska）。「孤兒之家」的員工和孩子都稱她為瑪麗娜（Maryna）。

快樂

〔一九四〇—一九四二？〕

「我想要快樂。」男孩說。

「我想要快樂。」女孩說。

「我想要快樂。」青年說。

「我想要快樂。」老人說。

「我想要快樂。」每個人說。

這個世界上，沒有人會說：「我想要不快樂。」

但是請回答我的問題：什麼是快樂？快樂的定義是什麼？

每個人都說：「我想要快樂。」

但是每個人的回答都不同，因為每個人對快樂的理解都不同。

一個人說：「我想要愛做什麼就做什麼，沒有人命令我，大家都聽我的話。」

另一個人說：「我想要有錢。如果我有錢，我會買最漂亮的衣服，最好的食物，我會有一個漂亮的、自己的房間，自己的辦公桌和衣櫃，我想買什麼就買什麼，我要買很多很貴、很漂亮的東西，所有我看到的東西我都要買，這就是快樂。」

第三個人說：「有一個好朋友是最快樂的事。他會幫助我、給我建議、和我說話，我想要和他一起到處跑，坐在同一張桌子，一直都在一起，我跟他。當你什麼人都沒有的時候，那感覺多無聊、多憂鬱、多不開心啊。每個人都忙，每個人都急匆匆，我身邊有那麼多人，但我卻是孤獨一人。沒有人在乎我，而我也不在乎任何人。沒有人借我任何東西，沒有人想聽我說話，在我需要的時候沒有人幫助我。我只能和自己的思緒作伴。我甚至不想努力了，因為我要為誰努力？」

第四個人說：「我想變得強壯，所有人之中最強的。我想要動作靈敏，所有人之中最靈敏的。我想要不管做什麼都成功，我想要有什麼就能得到什麼。我想要知道什麼、學會什麼，就能知道、學會。」

第五個人說：「當我還小的時候，爸爸媽媽也還在的時候，我很快樂。我們那時候過得好快樂，一切都那麼令人愉快，一切都那麼歡樂。」

第六個人說：「我不快樂，因爲我的意志力很薄弱。我常常開始做一件事，然後沒辦法完成。我想讀書，但是後來又不想讀了。我說，我不會再犯了，但是我又再犯了。我知道自己該做什麼，但我做出的行爲卻相反。我不相信自己，不信任自己，而不相信自己眞是令人超難過的。」

第七個人說：「如果可以不用做那麼多令人不愉快的事，那我就會是最快樂的人。總是有事情要做，一件事還來不及做完，馬上就要做另一件新的事了，比原本的更難、更令人不愉快，他們甚至不讓你休息一下下。」

「我想要快樂。」女孩說。

「我想要快樂。」男孩說。

「我想要快樂。」青年說。

「我想要快樂。」老人說。

同。

每個人對快樂都有不同的理解，即使是同一個人，在不同時刻對快樂的理解也不同。

他會這麼想：「我以前過得很好。我以前很快樂，但是我不明白自己的快樂。當我有球的時候，我想要足球，當我有了足球，我想要腳踏車，之後我一定會想要一輛車，也許一架飛機，自己的電影院和電臺，我也不知道自己還要什麼。當他們買給我，我只有在一開始的時候高興一下子，然後我又想要別的東西，又有別的主意了。」

爲何如此？爲什麼人們自己都不明白自己想要什麼？爲什麼沒有一件事會讓他永遠滿足？

有一個波蘭詩人如此寫道：

有一隻鳥坐在樹頂
看著底下的人覺得驚奇，
為什麼他們之中最聰明的人

都不知道快樂在哪裡。

他們找了又找，

從來沒想到要去自己的胸中尋找。[1]

心的任務是去愛。

如果你不給胃吃東西，如果胃是空的，沒有食物，它就會飢餓。如果心中沒有愛，它就會飢餓、憂鬱，充滿渴慕。

1 出自亞當・阿斯尼克（Adam Asnyk）的詩〈有一隻鳥坐在樹頂〉（Siedzi ptaszek na drzewie）。

生命的故事

〔一九四〇—一九四二？〕

有些故事是人說的，有些故事則由生命訴說。有些故事很奇怪，但是千眞萬確。我現在要講兩個故事，第二個是好笑的。

第一個故事是關於，在一個院子裡住著兩個寡婦，兩人都有一個小兒子。一個男孩有著淺色的頭髮，黑色的眼珠，另一個男孩有著淺色的眼睛，黑色的頭髮。一個男孩叫歐列克，另一個叫波列克。當大家要叫他們的時候，他們這麼呼喚：淺色的波列克，黑色的歐列克。

然後他們去上學了。那時候，大家都開始說，也在報紙上寫，這個是猶太人，那個是亞利安人。但是人們不知道，這是什麼意思。

但是後來男孩們得知，他們不能當朋友，因爲其中一個人的奶奶是猶太人，另一個人的奶奶是德國人。他們明白了，這兩位已經仙逝的奶奶們在生前吵架，不希望男孩們一起去上學，也不希望他們一起玩耍。其中一人在日記中寫：「我失去了摯友。」另一個人寫：「我好難過。」

然後戰爭來了，男孩們已不再是小孩，因爲他們都長大了，也從學校畢業了，他們都加入了軍隊。

其中一人以爲自己是波蘭人，但人們要他當猶太人。另一人以爲自己是波蘭人，但人們要他當德國人。他們不知道事情爲何必須如此，但是他們知道這不是奶奶們的錯，他們的奶奶們根本沒有吵架。有些事不同了，但眞正的情況如何他們依舊不明白，雖然他們已經上了戰場，而且兩人都不是孩子了。

我忘了告訴你們，在家鄉，在他們小時候住的地方，有一間小店，而小店的女店主有個女兒，她有著淺色的頭髮和藍色的眼睛，或是黑色的頭髮和黑色的眼睛，我不記得了，我不想寫錯。那是很久以前的事了，不，或許沒那麼久，但至少是十年以前了。

男孩們都很喜歡這個女孩，他們知道她是猶太人，但是他們都沒想過這件事，他們一點都不在乎。她很溫柔開朗，常常和他們一起玩，她媽媽每次賣糖果給他們都會算便宜點，有時候甚至會讓他們免費吃糖果、櫻桃或小薑餅。

人們告訴他們，以後不可以再去那裡買東西，也不可以一起玩，不可以拿也不可以給，什麼都不可以。因爲女孩的爸爸媽媽，還有哥哥，還有她，都是猶太人。

他們自己也明白了，一個奶奶是猶太人也就算了，但是全家都是猶太人——那可是很糟的事。

還有一些別的東西、別的事、別的商店、院子和學校裡的孩子，但我下次再說，因爲現在我急著講另一個故事，所以我只挑重點說。

重點是，兩個男孩都在戰爭中成了飛行員，他們在高空相遇，對彼此開槍。他們都不知道自己射中的是誰，畢竟你會對所有的敵機開槍。

兩人都中彈了，因爲他們都瞄得很準。兩架飛機都著了火，掉到地上，這時，商店的女孩正和她父親出城到郊外，去鄉下買點東西。當然，這時候女孩已經長大了。

兩架飛機不偏不倚砸中了猶太人和他的女兒。

三個寡婦齊聲哭泣。一個是那個被人命令要當猶太人的媽媽，一個是被人命令要當德國人的媽媽。另一個，則是猶太人的媽媽和猶太人的妻子。

我的故事結束了，但他們的故事還沒結束。我不知道故事後來的發展，但是他們知道，因爲他們的靈魂還在，雖然他們都燒成灰了。靈魂是防火的，當人死去，他的靈魂不需要飛機、汽油和鐵彈，就可以高高地飛到空中，比飛機還高。

他們的靈魂現在知道了一切，爲什麼以前那樣，現在又這樣，他們已經不再擔心，而且很快樂。他們不需要我們的淚水，因爲他們知道接下來會如何。

接下來，我們會再次相遇，並且過得很好。

現在我要說第二個故事，關於隔離，關於伊爾卡和蜂蜜，關於蒼蠅的斷腿，關於一隻我救了的小跳蚤。

所以，伊爾卡（或是你們要稱呼她爲伊爾卡小姐也可以）[1]會在茶裡加蜂蜜，她也會用蜂蜜塗櫃子的鑰匙，杯子裡的湯匙，甚至天花板。她怎麼塗到天花板的？我不知道，因爲這是故事啊。

我也不知道，蒼蠅是怎麼跟我約好的，在晚上〔——〕

我說：「等等，我會帶水給你，然後把黏住的地方弄開。」但是牠很沒耐心，一直掙扎，於是腳就斷了。我給了牠一點安眠藥粉，然後我們就沒有交談了。

牠去了某處，而我則去上床睡覺。但室內已經變得明亮了，因爲我把隔離室的窗簾打開了。

我躺著，閉上眼。我感覺到，有人在被子底下跳，我立刻猜到是跳蚤。

我這就要來抓牠。

我掀開被子，在床單上有一隻小跳蚤，我開始可憐牠。牠吸一點我的血又怎樣了？又老又大的跳蚤一星期可以吸十滴血，而牠是那麼地小。

我也想：「也許這隻小跳蚤是那隻斷了一條腿的蒼蠅的朋友或遠親，也許這隻小

1伊爾卡（Irka）是「孤兒之家」的醫務人員。

跳蚤知道一些關於那兩個男孩、那個猶太女孩還有他們的奶奶的事。

「也許牠知道的比我多。因爲如果牠不知道，那我也不知道。我們雖然不同，但沒有人會爲此殺害我。」

我救了小跳蚤的命，不用爲此讚美我。也許我這麼做，是因爲小跳蚤很會跳，而我很想睡了。

故事說完了。

位於華沙的柯札克紀念雕像。（Piotr Biegała - HeAVenlY / Wikimedia Commons / Public Domain）

國家圖書館出版品預行編目 (CIP) 資料

柯札克猶太隔離區日記：兒童人權之父最後的回憶錄與隨筆 / 雅努什 · 柯札克 (Janusz Korczak) ; 林蔚昀譯 . -- 初版 . -- 臺北市 : 網路與書 , 2020.07
420 面 ;14.8×19.5 公分 . -- (黃金之葉 ; 22)

ISBN 978-986-98990-1-7(平裝)

1. 柯札克 (Korczak, Janusz, 1878-1942) 2. 傳記 3. 波蘭

784.448 109008105

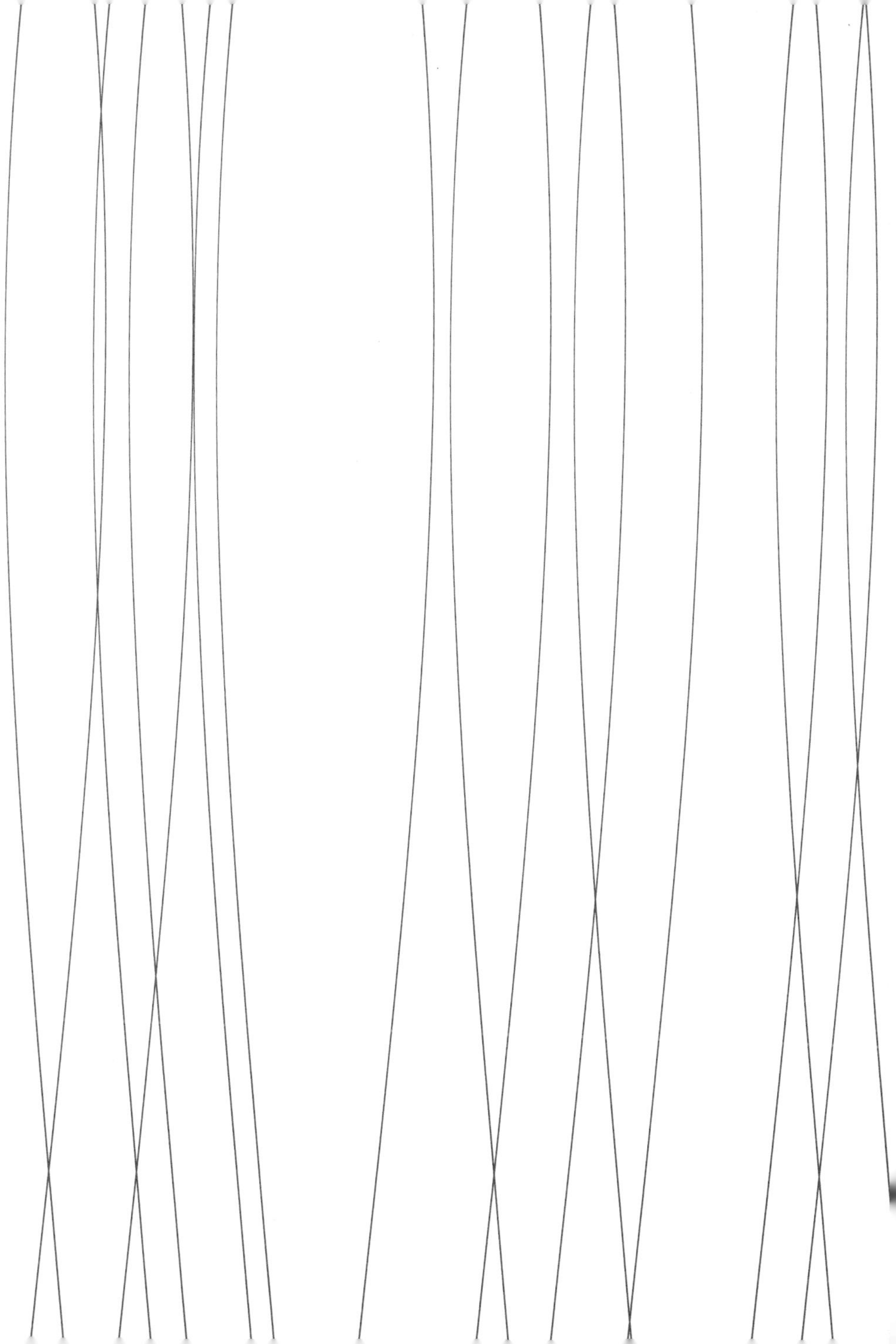

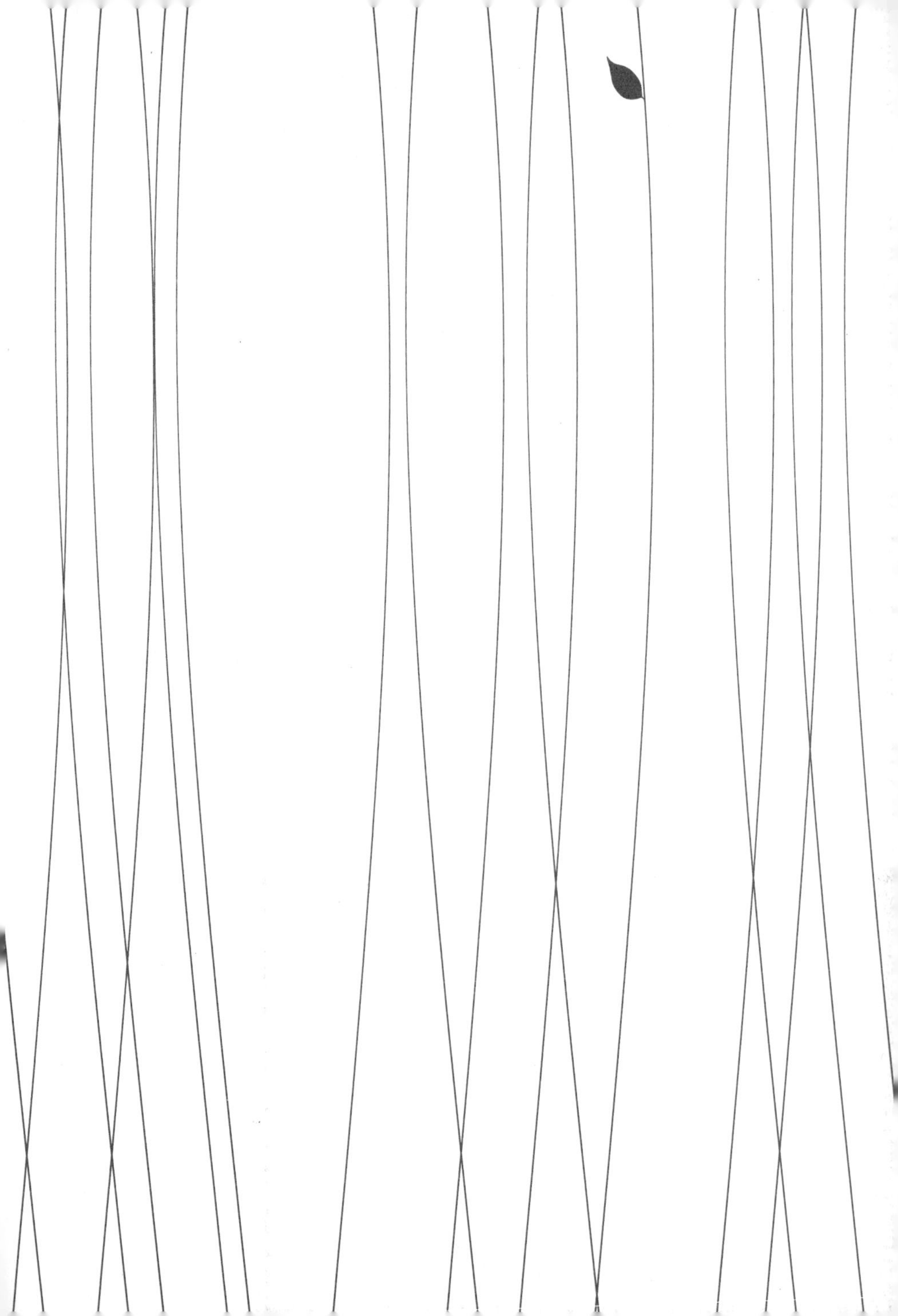